MARC BRISAC

# LYON

## ET

# L'INSURRECTION POLONAISE

## de 1830-1831

LYON

*REVUE D'HISTOIRE DE LYON*

A. REY & Cie, Imprimeurs-Éditeurs

4, RUE GENTIL, 4

1909

# LYON

# ET L'INSURRECTION POLONAISE

## de 1830-1831

Marc BRISAC

# LYON

ET

# L'INSURRECTION POLONAISE

## de 1830-1831

LYON

*REVUE D'HISTOIRE DE LYON*

A. REY & C<sup>ie</sup>, Imprimeurs-Éditeurs

4, RUE GENTIL, 4

1909

# LYON

## ET L'INSURRECTION POLONAISE

### de 1830-1831

En 1830, la nouvelle des Trois Glorieuses causa à Varsovie une vive émotion. L'exemple de la liberté qui, une fois encore, venait de la France, devait hâter en Pologne l'éclosion d'un mouvement insurrectionnel qui couvait depuis longtemps, dont le but était de reconstituer un royaume indépendant, en rejetant, tout d'abord, le joug de l'autocratie russe. Aussi, lorsque le Czar Nicolas, dans le dessein, incontesté aujourd'hui, d'arrêter l'essor de la révolution en France et de détruire celle de Belgique, donna l'ordre de rassembler une armée à l'ouest de son empire, l'occasion sembla, à Varsovie, particulièrement favorable. Dans la nuit du 29 novembre 1830, l'insurrection éclata, et la lutte commençait, qui devait, un an plus tard, aboutir à l'écrasement des Polonais, suivi de nombreuses années de répression.

Le soulèvement eut, à son tour, une violente répercussion en France. Les libéraux et les républicains, dont Armand Carrel dans *le National* exprimait les sentiments, comprirent immédiatement quelle reconnaissance ils pouvaient avoir envers ce peuple qui sauvait la liberté et la nation française, en détournant sur lui l'action du Czar, et en rendant impossible la reconstitution de la Sainte Alliance rêvée par Metternich. Ils sentirent aussi que les Polonais, négligeant pour une fois leur proverbe « Dieu est trop haut, et la France est trop loin », comptaient sur l'appui des Français. L'opinion surexcitée par les affaires d'Italie et de Belgique cédait à un profond sentiment humanitaire. Le désir d'expansion révolutionnaire par la force des armes, propre aux révolutions en France, se développait tout entier, et peut-être restait-il encore au fond des cœurs quelque fumée de l'ivresse napoléonienne.

M. D.                                                                                                    1

L'opposition allait principalement s'attacher aux questions de politique étrangère aussi bien sous le ministère Laffite, dont le chef s'efforçait de concilier ses sympathies personnelles pour les Polonais, avec les idées de Louis-Philippe en matière internationale, que sous le pouvoir de Casimir Périer. Lafayette était le centre du mouvement d'action en faveur d'une insurrection armée ; sa puissance fit souvent illusion aux Polonais qui voyaient en lui comme un des chefs de leur révolution. Si la parole du général remuait encore les masses, elle ne pouvait triompher de la volonté du pouvoir qui craignait, à tort ou à raison, de déchaîner sur la France une nouvelle invasion, en ne se bornant pas à de platoniques observations diplomatiques.

A Paris, dès que le soulèvement fut connu, on ne s'occupa plus que de la Pologne. Dans les rues comme au théâtre, on n'entendait que les deux chansons dues à la plume de Casimir Delavigne, « La Parisienne » écrite sur une musique d'Auber, et la « Varsovienne », dont un même sentiment mêlait les couplets. Et s'inspirant de ce qu'il voyait, de ce qu'il entendait, s'autorisant de ce qu'il lisait, Lafayette pouvait vraiment s'écrier du haut de la Tribune parlementaire : « Toute la France est Polonaise[1] ! »

La population lyonnaise fut également pénétrée d'une violente émotion à l'annonce de la révolution de la Pologne[2]. Les différentes opinions avaient en effet des raisons d'être touchées. Tout d'abord, ceux qu'animaient simplement des sentiments patriotiques, affectionnaient ce peuple si profondément ami de la France et à travers lequel le pays lui-même était menacé. Des catholiques, toutes les sympathies devaient se porter vers cette nation religieuse, et de même foi qu'eux. Le fait pour la Pologne de lutter afin d'obtenir une constitution devait attirer vers elle les constitutionnels ; enfin les républicains se réjouissaient, en voyant là comme un prolongement du mouvement révolutionnaire français, tandis qu'un souvenir de l'épopée apparaissait aux yeux des bonapartistes.

[1] *Mémoires de Lafayette*, p. VI.
[2] Documents inédits, extraits des *Archives du « Bazar Polonais »* (Bibliothèque du Palais des Arts).

Pourtant si, au début, tous les partis se trouvaient confondus dans un même élan en faveur des Polonais, une division était fatalement appelée à surgir bientôt entre eux. Dans les quelques années qui suivirent l'insurrection, principalement de 1831 à 1833, la politique en France devait se préciser. Le roi Louis-Philippe rompant rapidement avec le parti avancé, les opinions allaient se classer et deux grands courants se déterminer, celui du mouvement et celui de la résistance. Toute action commune aux partis différents ne pouvait donc durer longtemps.

Au début de l'insurrection, à Lyon, l'émotion fut surtout apparente chez les esprits qu'animaient alors des tendances républicaines. Le 31 janvier 1831, le *Précurseur*, organe des républicains désignés quelques années plus tard sous le nom de *Formalistes*, publiait un ardent appel pour la cause polonaise et, au même moment, un Comité provisoire se formait, à l'instar du Comité national qu'à Paris présidait Lafayette. Il comprenait ceux dont les opinions avancées s'étaient déjà manifestées, tels que le Dr Gilibert, Pierre Lortet et Antoine Blanc. Ce dernier devait, ainsi que Lortet dont le nom est lié à l'histoire du mouvement républicain à Lyon, jouer un rôle dans les journées de février 1848. Le but de ce Comité était d'aider le Comité national en lui fournissant des subsides, et une première liste de souscription réunit à cet effet, presque immédiatement, 1.500 francs[1]. Le 2 février, ce Comité se constituait définitivement et la municipalité que dirigeait alors Prunelle, sans le seconder réellement, n'en mit pas moins à sa disposition une des salles de l'Hôtel de Ville[2]. Le bureau fut formé sous la présidence de Gilibert, avec Lortet et Malmazet comme secrétaire et comme trésorier. Parmi les commissaires se trouvait le notaire Laforest[3], futur maire de Lyon en 1848. Le Comité se mit à l'œuvre ; des souscriptions lui parvinrent. Quelques-unes venaient de membres de la bourgeoisie et de fonctionnaires satisfaits par la Monarchie de Juillet, tels qu'Acher, commandant de la Garde nationale, président de chambre à la Cour royale de Lyon, et Jean-François Terme,

[1] *Archives historiques et statistiques du Département du Rhône*, t. XIII, p. 289.
[2] *Précurseur*, 31 janvier 1831.
[3] *Archives historiques.....*, t. XIII, p. 293.

plus tard député et maire de la ville. Terme s'occupait alors d'œuvres humanitaires, principalement du dépôt de mendicité.

Marceline Desbordes-Valmore, qui à cette époque était encore à Lyon qu'elle devait quitter pour la première fois en avril 1832[1], s'empressa de s'associer à l'œuvre. Sa sensibilité émue, dans une lettre adressée au Comité, s'exprimait en ces termes : «Soyez heureux, Messieurs, de tout ce que l'amour de l'humanité vous fait entreprendre ; soyez bénis de la liberté prochaine ! »

Les premiers à participer au mouvement furent les Gardes nationaux, ou, tout au moins, ceux qui représentaient parmi eux l'élément le plus démocratique et qu'un fidèle amour liait à Lafayette. A la Croix-Rousse, les mêmes qui devaient quelques mois après s'unir aux insurgés des journées de novembre, formèrent un Comité spécial pour ce faubourg. L'armée régulière, où se trouvaient d'anciens compagnons d'armes des Polonais, contribua à l'œuvre. Le premier Dragon qui, d'abord mal accueilli à son arrivée à Lyon par les Gardes nationaux, avait ensuite fraternisé avec eux en des banquets, envoya le produit d'une souscription faite parmi les soldats.

Les jeunes gens surtout répondirent à l'appel du Comité. Sans doute voulaient-ils se montrer dignes de leurs grands frères parisiens des journées de Juillet. Hippolyte Valmore, le fils de Marceline, organisa une souscription parmi les élèves de l' « École normale royale de M. Germain, rue Buisson », et en adressa le produit, au nom de ses camarades, « aux défenseurs de la liberté polonaise, ne pouvant supporter l'idée d'être heureux pendant qu'ils sont dans le malheur et se battent pour une si belle cause[2]..... » Les élèves de « l'Ecole moderne d'enseignement, dirigée par le chevalier Bailleul » suivaient l'exemple. Des dons individuels montraient, d'autre part, que l'émotion avait vivement pénétré les différentes couches de la population. C'était un enfant de onze ans, qui, employé par son père à copier des manuscrits pendant ses heures de récréation, envoyait son modeste gain ; c'était une veuve qui remettait ce qu'à l'occasion de leurs bonnes notes à l'École primaire, elle avait coutume de donner à ses enfants. Elle se déclarait en même temps « heureuse de les associer à la cause la plus belle[3] ! »

---

[1] Bleton, *Marceline Desbordes-Valmore à Lyon*, Lyon, 1896.
[2] *Précurseur*, 26 mai 1831.
[3] *Ibid.*, 27 mai 1831.

Au mois d'avril, deux membres du Comité, Gilibert et Despouilly, s'étaient rendus à Paris, afin de remettre au Comité national les 3.000 francs alors recueillis. Ils avaient assisté à un dîner offert à une délégation polonaise et présidé par Lafayette. Ce dernier les remercia, les encouragea et le 11 avril écrivait au Comité lyonnais une lettre où on lisait « ... Tout ce qui tient à votre illustre et excellente cité a des droits particuliers sur mon cœur, mais ce n'est pas seulement parce qu'un profond sentiment de gratitude y est à jamais gravé [1] que j'ai vu avec joie la formation et le zèle de votre Comité ; j'y reconnais une grande importance, non seulement pour le but matériel de votre association en faveur de la cause polonaise, mais aussi pour la manifestation de l'intérêt que le peuple français prend à cette noble cause.. .. [2] »

Pourtant, quelle que fut l'influence des paroles du vieux général, le mouvement, à Lyon, pour les Polonais, ne tarda guère à péricliter. Malgré la souscription des Écoles, malgré quelques dons particuliers, les offrandes devinrent rares. De cela les causes étaient diverses.

Tout d'abord, la ville se trouvait dans une mauvaise situation économique. A la suite de la révolution de Juillet, l'industrie s'était alarmée, et, au commencement de l'année 1831, Lyon subissait une de ces crises fréquentes, que les craintes et les bruits de guerre n'étaient pas faits pour atténuer, et dont l'éclat le plus douloureux devait se produire en novembre. Les ouvriers en soie était fort nombreux, et, peu de métiers à tisser battant, le chômage était grand. Il fallait d'abord songer à la misère qu'il entraînait avant que de soutenir pécuniairement les Polonais. Dès novembre 1830, le maire Prunelle avait organisé un « Comité de secours et de travail », chargé, comme son nom l'indiquait, de recueillir des souscriptions et de déterminer les travaux pour amoindrir le chômage. Partout, la bienfaisance privée était sollicitée pour le même objet par des bals, des concerts, et des représentations.

D'autre part, la souscription nationale pour l'emprunt de 120 millions venait de s'ouvrir et drainait l'argent chez ceux qui précisément auraient pu s'intéresser aux révolutionnaires

[1] Lafayette était venu à Lyon le 5 septembre 1829, et y avait reçu un chaud accueil des républicains.
[2] *Archives du Bazar.*

polonais. Enfin, le 13 mars, le roi Louis-Philippe retirait le pouvoir au ministre Laffitte, privant ainsi les promoteurs du mouvement en faveur de la Pologne sinon d'un appui, tout au moins d'une sympathie. Casimir Périer lui succédait avec la volonté très nette de travailler à enrayer le mouvement révolutionnaire en France et en Europe[1]. L'ère de la temporisation était close, celle de la résistance commençait. L'attitude de Périer vis-à-vis de ceux sollicitant le secours de la France pour les nations révoltées n'était pas pour encourager les timides, qui consentaient encore au mois de mai à terminer des banquets en l'honneur de la fête du Roi par des quêtes en faveur des Polonais, mais refusaient de se compromettre davantage.

A Lyon, la résistance s'était même antérieurement manifestée à propos des réfugiés italiens. Ces derniers, alors nombreux dans la ville, avaient essayé, pendant les derniers jours de février 1831, de préparer une expédition libératrice en Savoie. Deux colonnes devaient partir, l'une par Grenoble et l'autre par Tenay et la Maurienne[2]. Les instigateurs de ce mouvement avaient trouvé, auprès d'une partie de la population lyonnaise, un appui, soit sous forme de subsides, soit sous une forme plus active encore. Les républicains, ou du moins les plus ardents d'entre eux, essayèrent de favoriser ce mouvement. Au procès des accusés d'avril, l'un deux Molard Lefèvre déclara dans sa défense qu'il avait travaillé depuis la révolution de 1830 à organiser à Lyon un corps de quinze cents hommes, destiné à une expédition au Piémont. « Le projet était combiné, disait-il, de manière à causer une diversion favorable aux braves Polonais qui combattaient déjà pour leur liberté[3]. » L'Autriche devant agir contre le Piémont, la Hongrie reprenait sa liberté. « La cause des despotes étaient perdue. » Il avoua de plus que le préfet d'alors Paulze d'Ivoy était favorable à son action. Baune, un autre des condamnés pour l'insurrection de 1834, le futur président de la section de la Société des Droits de l'homme, offrit aux réfugiés italiens la collaboration effective de deux bataillons de la Garde nationale. Cette offre ne fut pas acceptée, il est vrai, mais les réfugiés

---

[1] Lavisse et Rambaud. *Histoire générale*, t. X,

[2] Louis Blanc. *Histoire de dix ans*, 11e éd., t. II, p. 313.

[3] Cour des Pairs. *Procès des prévenus d'avril.. ...* catégorie de Lyon. Lyon, 1835.

n'en essayèrent pas moins, sous la conduite du général Régis, de gagner Grenoble[1]. Un détachement de cavalerie les arrêta sur les instructions du ministère le 25 février à Meximieux, et le 1ᵉʳ mars la police intimait l'ordre à tous les réfugiés italiens d'avoir à quitter Lyon dans les vingt-quatre heures, et à se retirer dans les villes qui leur avaient été assignées, principalement à Mâcon. Périer, peu après son arrivée au pouvoir, accentua ce résultat, en destituant le préfet Paulze d'Ivoy, coupable d'avoir montré trop de sympathie aux réfugiés. Il le remplaça par Bouvier-Dumollard, qui devait, lui aussi, subir le même sort quelques mois plus tard, pour avoir fait preuve d'une bienveillance trop grande envers les ouvriers révoltés de novembre 1831. Les républicains protestèrent contre la destitution de Paulze d'Ivoy. L'un, Louis Rosset, accusa le maire Prunelle d'être l'élément principal de cette disgrâce, dans des lettres ouvertes vendues au bénéfice des Polonais[2].

Un de ceux qui s'était le plus vivement élevé contre l'attitude du gouvernement envers les réfugiés italiens, et cela dès le 26 février, fut précisément Pierre Lortet, secrétaire du Comité Polonais[3]. Cela confirma sans doute, dans l'esprit de la partie bourgeoise de la population, le caractère anti-gouvernemental du Comité polonais. Les idées de Gilibert et de Lortet étaient du reste connues. Ils les affirmèrent une fois de plus en prenant la tête de la section lyonnaise de l' « Association nationale pour l'indépendance du pays et l'expulsion perpétuelle de la branche aînée des Bourbons », association qui venait d'être fondée, et dont le titre dissimulait le caractère véritable d'opposition au pouvoir. La section de Lyon s'était constituée le 13 mars, son bureau formé le 14 avril comprenait Lortet et Gilibert ; et Malmazet, trésorier du Comité polonais, y occupait des fonctions identiques[4].

Les mêmes éléments notoirement hostiles au gouvernement se trouvant donc à la tête de la section de l'Association nationale et du Comité polonais, c'était priver celui-ci de l'appui de toute la bourgeoisie favorisée de 1830, et des fonctionnaires à qui l'adhésion de l'Association était interdite. C'était le priver de toutes

---

[1] *Archives historiques du département du Rhône*, t. XIII, p. 301.
[2] Bibliothèque de la Ville, fonds Coste.
[3] *Précurseur*, 26 février 1831.
[4] *Archives historiques du département du Rhône*, t. XIII.

ressources pécuniaires sérieuses. Il était, de plus, certain que les organisateurs du mouvement devaient porter leurs efforts plutôt du côté de l'Association nationale que de celui du mouvement lyonnais pour la Pologne.

Ce dernier devait donc localement périr s'il restait dans de telles conditions. C'est ce que comprirent divers esprits qui essayèrent de l'organiser sur d'autres bases, en l'animant surtout d'un autre caractère.

Le 18 juin 1831, le *Précurseur*, dont le rédacteur Petetin devait entrer en relations suivies avec Armand Carrel[1], annonçait qu'une nouvelle société s'organisait dans le but de faire appel à la bienfaisance en faveur des Polonais. Le journal insistait sur la reconnaissance que devaient avoir les Français pour la Pologne qui les avait sauvés de l'invasion russe, et sur l'obligation de soutenir matériellement les insurgés. « La cause sacrée de l'héroïsme et du malheur, lisait-on, excite en France une sympathie universelle et ce n'est pas seulement par des vœux stériles qu'elle est soutenue, mais par tous les moyens d'une ingénieuse bienveillance. ..... Puisse la nouvelle du vif intérêt que notre cité tout entière porte aux Polonais encourager ce peuple magnanime dans la lutte glorieuse qu'il soutient pour son indépendance et *pour la nôtre*, puisque Paulowitsch[2] ose menacer la France de la châtier après la Pologne ! Puisse le Czar apprendre le cas que l'indignation des Français et des Lyonnais en particulier a fait de ses insolentes menaces. »

Cette fois, c'étaient des membres de la bourgeoisie libérale, commerçants, rentiers et fonctionnaires qui prenaient l'initiative de l'œuvre. Parmi eux figuraient Acher, Bredin, professeur à l'Ecole vétérinaire, le D$^r$ Trolliet, Grandperret, chef d'institution et publiciste, Saint-Olive, teneur de livres, le botaniste Champagneux et le banquier Bontoux.

Ils publièrent et répandirent dans la population l'imprimé suivant[3] :

---

[1] Thureau-Dangin, *Histoire de la Monarchie de Juillet*, t. II.
[2] Un des généraux commandant l'armée russe.
[3] *Archives du Bazar polonais.*

« Un grand nombre d'habitants de Lyon, considérant :

« 1° Que le salut de la Pologne est pour la France l'intérêt le plus sérieux, le plus pressant et le moins contesté ;

« 2° Que les plus sérieux, les plus pressants de tous les intérêts, ceux de la justice et de l'humanité, imposent aux Français, plus rigoureusement encore que les nécessités de la politique, l'obligation de secourir leur hôte, leur ancien allié, leur loyal et constant ami, dans ce peuple magnanime dont la vertu héréditaire est maintenant aux prises avec tous les genres de fléaux et de souffrances ;

« 3° Que tandis que le gouvernement fait tout ce qu'il croit pouvoir faire pour les Polonais au milieu des difficultés de sa tâche et de la complication de ses devoirs, chaque citoyen est tenu de tenter également tout ce qui dépend de lui dans l'inviolable enceinte des convenances et des lois, en faveur de cette cause sacrée de l'héroïsme, du bon droit et du malheur, et que c'est le devoir le plus ardent de tous les Français..... »

Et dans ces conditions, ils invitaient leurs concitoyens à collaborer à une œuvre où tout le monde pouvait participer par des dons en nature et en argent.

Cet appel indiquait clairement qu'une orientation différente allait être donnée au mouvement en faveur des Polonais. Il était rédigé avec une grande habileté, due, disait-on, à la plume de Grandperret[1]. Les républicains étaient obligés d'y souscrire en raison des sentiments de solidarité pour les révolutionnaires polonais qui y étaient affirmés ; les libéraux, amis de l'ordre, n'y voyaient aucun procédé contraire aux lois, et les ministériels de leur côté pouvaient n'y lire qu'une approbation donnée au pouvoir, n'y considérer qu'un moyen de réaliser pour les Polonais un appui que le gouvernement ne croyait pouvoir leur fournir directement sans compromettre la paix du pays. Les catholiques, lecteurs de l'*Avenir*, que Montalembert devait visiter quelques mois plus tard, pouvaient sans risquer l'animosité de la hiérarchie religieuse, manifester leur sympathie pour une nation qui marchait au combat en chantant des hymnes à la Vierge, précédée de ses prêtres, et où les religieux revêtus de vieilles armures formaient des compagnies de cavalerie. L'Archevêque d'Amasie, des Pins, administrateur du diocèse de

---

[1] *Archives historiques du département du Rhône*, t. XIII.

Lyon, qui supplia affectueusement Lamennais de ne pas se mettre en lutte avec l'épiscopat[1], ne pouvait recommander à ses fidèles de s'abstenir. Dans les listes des membres de l'OEuvre, on ne relève pourtant aucun nom de catholiques militants appartenant à la section lyonnaise de « l'Association pour la défense de la religion catholique » créée à Paris en 1823[2]. Enfin, les adeptes du Saint-Simonisme, dont les idées se développaient au même moment à Lyon, ne pouvaient voir là aucune tendance contraire à leurs aspirations pacifiques. De fait, Arlès Dufour, une des premières recrues de la doctrine nouvelle, fut un des premiers aussi à participer à l'œuvre.

Les organisateurs s'étaient gardés de critiquer les divers systèmes politiques préconisés par les partis en Pologne, et de blâmer en quoi que ce soit le gouvernement français[3]. C'est à cette prudence qu'ils durent le concours des éléments avancés et la protection des agents du pouvoir, principalement du préfet Bouvier-Dumollard et du maire Prunelle[3]. En somme, ils s'adressaient surtout à ce public composé des gens qu'Armand Carrel, quelque temps plus tard, dépeignait si spirituellement ainsi : « Avez-vous quelquefois interrogé un de ces gens paisibles, excellents citoyens au fond, mais peu prévoyants, et qui s'étaient laissés enrégimenter dans le juste milieu, sous M. Périer ? Demandez à cet homme s'il est royaliste, il vous répondra qu'il est abonné depuis quinze ans au *Constitutionnel* et que sans doute vous vous moquez. — Républicains ? Pas davantage ; mais il veut les conséquences de la Monarchie de Juillet. — Propagandiste ? Il a horreur du mot depuis qu'il a lu le discours de M. Périer ; mais il tiendrait beaucoup cependant à ce que la France fût encore la grande nation, car il a dans sa bibliothèque, à côté d'un bon Voltaire, une superbe édition des *Voyages et conquêtes* de M. Panckoucke et il a été révolté de l'abandon de la Pologne. Notre homme n'a rien d'un royaliste ; il est au contraire implacable ennemi des Chouans, des prêtres, des émigrés et de la Sainte Alliance ; il a toute l'étoffe d'un républicain, seulement il ne le sait pas ; il a peur du mot et de la chose. Il prendrait son parti de la République si elle pouvait venir sans trouble ; mais, en attendant, il est pour l'ordre public, ou mieux encore pour sa tranquillité. »

[1] Thureau-Dangin, *Histoire de la Monarchie de Juillet*, t. II.
[2] Bibliothèque de Lyon, fonds Coste, 109 985.
[3] *Compte rendu du Bazar polonais*, Lyon, 1836.

Le moyen pratique offert à tous ceux de l'opinion décrite par Carrel, de sauver la Pologne d'un geste calme, ne manqua pas d'originalité. Il consista à organiser un Bazar, dit « Bazar polonais », dont les marchandises seraient fournies par des dons en nature, ou acquises grâce à des souscriptions, et vendues au bénéfice des insurgés. La Municipalité offrit de suite un asile à l'œuvre, en l'installant dans une des salles du Palais des Arts, où s'ouvrit immédiatement un bureau destiné à recevoir les dons. En même temps, de nouveaux appels furent lancés, invitant tous les Lyonnais à venir y apporter leurs dons [1]. « ..... C'est là que nous vous excitons à apporter vos présents quels qu'ils soient. Que toute profession s'ingénie à composer elle-même son offrande ; le riche donnera son or....., le fabricant ses étoffes ; l'artisan un fragment de ses ouvrages ; le simple ouvrier quelques heures de son travail, consacrés..... à l'exécution d'un objet quelconque. Hâtez-vous, Lyonnais? un grand anniversaire approche [2] : il sera beau de voir votre œuvre de reconnaissance s'accomplir au milieu de vos chants de joie et de liberté. » Dans un autre appel adressé aux départements, on demandait « les bronzes précieux, les candélabres d'or que la sainte colère de juillet avait fait voler comme des pavés sur l'ennemi de la patrie ».

Les journaux accueillirent volontiers l'initiative prise. La *Sentinelle Nationale*, journal démocrate républicain, la loua vivement, engagea ses lecteurs à y collaborer, mais profita de l'occasion offerte, et c'était son rôle, pour dénoncer la politique étrangère de Casimir Périer. « ..... On égorge les Polonais, pouvait-on y lire [3], les sauvages Baskires incendient la Lithuanie, et nos ministres se taisent! Quelles circonstances peu favorables attendent donc les représentants de la France pour prendre un langage digne du rang qu'elle occupe parmi les puissances? Les ministres du Roi des Français se taisent ou laissent mépriser leurs faibles représentations ! Comment peuvent-ils oublier le pressant intérêt que chacun d'eux témoignait naguère aux victimes du pouvoir absolu? Ils l'ont oublié et ils sont ministres!. . » Puis le même journal, en faisant appel à la générosité des Lyonnais, combattait l'opinion de ceux qui, sans

---

[1] *Archives du Bazar.*
[2] L'anniversaire des journées de Juillet.
[3] *Sentinelle nationale,* 29 juin 1831.

manifester d'hostilité apparente pour la Pologne, la déclarait irrémédiablement perdue et jugeaient que l'aider n'était que prolonger inutilement son agonie. « ..... Si les Ministres ne comprennent pas la noble mission qui leur est confiée, que les Français entendent ce qu'ils peuvent, ce qu'ils doivent faire..... Surtout ne laissons point abattre notre patriotisme par de misérables arguments. Les Polonais, disent quelques personnes, ne peuvent résister à la Russie, que leur importe notre or? Leur chute est inévitable..... Répétons ce que vient de dire dans un éloquent article un infatigable ami de leur cause [1], de l'or pour les Polonais, c'est la défense, c'est la victoire, c'est l'indépendance et la liberté..... un Bazar vient d'être établi à Lyon..... Que tous, surtout ceux de la jeune génération, apportent leur obole..... La Pologne sera sauvée et la France aura fait son devoir. »

Les dons commencèrent à affluer. Evidemment, parmi les premiers fut celui de Marceline Desbordes-Valmore, notre « Sapho lyonnaise », ainsi que la nommait alors un journal [2]. Elle envoyait, afin d'être vendu au bénéfice de l'œuvre, un exemplaire de son ouvrage *les Pleurs* portant en dédicace adressés, à l'acheteur inconnu, les vers suivants :

> *Achète-moi si l'or est ton partage,*
> *Donne une fois un doux prix à mes vers ;*
> *Dieu bénit l'or qui fait tomber les fers !*
> *J'offre ma plume ; je n'ai pas davantage.*
> *Ces pleurs chantés, je les dédie à toi,*
> *Dont un sang généreux fait palpiter les veines !*
> *Je veux donner aussi, je veux briser des chaînes ;*
> *Mais je suis pauvre..... ô riche, achète-moi ! »*

Objets d'art, objets manufacturés, bijoux, bons de consommations furent envoyés, en même temps que des dons en argent individuels ou collectifs [3]. De nouveau des listes circulèrent dans les écoles. Les élèves de l'Ecole vétérinaire, des écoles d'enseignement mutuel souscrivirent [4]. Ils consacrèrent leurs récréations à faire de la charpie,

---

[1] Armand Carrel.
[2] *Sentinelle nationale*, 5 juillet 1831.
[3] *Archives du Bazar.*
[4] *Précurseur*, 20 et 22 juillet 1831.

soulevant ainsi l'enthousiasme de Louis Berthaud, le poète satirique émule de Barthélemy et de Méry qui devait deux ans plus tard publier l'*Homme Rouge*, pamphlet républicain dont le retentissement fut grand[1]. La *Glaneuse*, le journal le plus avancé et sur lequel les procès s'ammoncelèrent bientôt, insérait en effet les vers de Berthaud[2] :

> *Donnez à la Pologne !*
> *Bien ! mes jeunes amis, bien ! mes compatriotes,*
> *Donnez ! Donnez votre or aux peuples patriotes,*
> *En attendant le jour de leur donner du sang !*
> *Il va bientôt venir ce jour si lent à poindre*
> > *Et vous vous ferez oindre*
> *Pour voler au secours d'un peuple agonisant !*
>
> . . . . . . . . . . . . . . . . . . .
>
> *Mais on nous a crié d'une voix souveraine :*
> *« Peuples il est trop tôt ! n'entrez pas dans l'arène »,*
> *Il est trop tôt, cruels, osez-vous le rêver ?....*
> *Eh bien ! En attendant les grandes funérailles,*
> > *Par-dessus les murailles*
> *Jetons aux Polonais l'or qui peut les sauver.*

La *Sentinelle Nationale* ne voulant pas être en reste de littérature publiait, elle aussi, des vers de circonstance, ceux adressés par Béranger à Lafayette, « premier grenadier de la garde nationale polonaise », et qui se terminaient par :

> . . . . . . . . . . . . . . . . .
>
> *Lorsque je chante honneur, gloire, souffrance,*
> *Si dans les cœurs ma voix trouve un écho,*
> *Pour recueillir l'obole de la France,*
> > *Tendez votre schako.*

Le même journal insérait également des productions de modestes auteurs locaux[3], car ils ne manquaient point ; l'un d'eux, J.-C. Perret écrivit des poèmes nombreux sur l'insurrection polonaise[4].

---

[1] Aimé Vingtrinier, *Berthaud et Veyrat*, Lyon, brochure in 8° ; et Boitel, *Revue du Lyonnais*, série I, t. XVIII.

[2] *La Glaneuse*, 20 juillet 1831.

[3] *Sentinelle nationale*, 23 et 29 juillet 1831.

[4] J.-C. Perret, *OEuvres et pièces patriotiques*. Lyon, 1833, Bibliothèque de Lyon, fonds Condé, 355-647.

Grâce au patronage des hommes modérés qui s'étaient mis à la tête de l'œuvre, celle-ci ne pouvait plus pâtir de l'appui des organes républicains ; aussi pendant l'été et l'automne les secours parvinrent de toutes parts. Des fonctionnaires supérieurs, des magistrats adressèrent leurs souscriptions[1] et un appel aux organisations ouvrières ne resta pas sans résultat[2]. Les faubourgs montrèrent une grande activité[3]. L'administration du Bazar délégua différents membres qui y organisèrent des quêtes et des souscriptions, et y établirent des succursales de l'organisation centrale. Celle du quartier Saint-Clair, en amont du Rhône[4], ouvrit des troncs dans les divers établissements publics et recueillit les offrandes à domicile. Sur la rive droite de la Saône, dans le quartier Saint-Georges, il se forma un Comité de dames et l'une d'elles écrivait une lettre où elle se réjouissait du résultat obtenu dans ce quartier laborieux et peu aisé : « Nulle part, disait-elle, le nom de la Pologne n'a été prononcé en vain, et jusque dans les habitations où le besoin se montrait, nous avons eu une légère offrande, et une larme accompagnait toujours le regret que chacun témoignait de ne pouvoir satisfaire plus libéralement le vœu de son cœur[5] ». Le dimanche, sur les promenades publiques des gens dévoués installaient des bassins où les passants jetaient leur obole. Les fêtes étaient des occasions pour des collectes, principalement la célébration de l'anniversaire des journées de juillet et celles que divers éléments organisèrent en l'honneur de l'anniversaire de la prise de la Bastille[6]. Les administrations, les Sociétés industrielles ou financières apportèrent leur concours[7], ainsi que le Consistoire protestant et l'assemblée des israélites[8]. Dans les loges maçonniques, on souscrivit ; les « Enfants d'Hiram » versèrent 100 francs au mois d'août[9].

Au commencement de juillet avaient eu lieu les élections législatives, et l'on utilisa, pour y organiser des souscriptions, la réunion

[1] *Précurseur*, 22 juillet 1831.
[2] *Ibid.*, 21 août 1831.
[3] *Ibid.*, 27 juillet 1831.
[4] *Ibid.*, 10-11 août 1831.
[5] *Ibid.*, 25-26 juillet 1831.
[6] *Ibid.*, 19 juillet 1831.
[7] *Archives du Bazar.*
[8] *Sentinelle nationale*, 5 août 1831.
[9] *Ibid.*, 23 août 1831.

des collèges électoraux à la Bibliothèque, à la salle de la Loterie[1], à l'Hôtel de Ville et à la Charité[2]. La garde nationale apporta, elle aussi, une très forte contribution. Toutes les compagnies souscrivirent et divers corps militaires réguliers suivirent leur exemple[3]. Les cafetiers abandonnèrent le produit de journées de leurs établissements ; les propriétaires de salles de spectacles y organisèrent des bénéfices ; les artistes donnèrent des représentations, tels ceux de la troupe du cirque Franconi, alors de passage, ou des auditions ainsi que les musiciens Hertz et Lafond[4]. Les concerts ne se terminaient pas sans que le public réclamât la *Varsovienne* suivie presque toujours de la *Parisienne* chantée ou même seulement exécutée[5]. Des bals avaient lieu dont les produits étaient apportés au Bazar polonais[6]. Les dames lyonnaises se groupaient en des ouvroirs occasionnels afin de préparer de la charpie[7] et des jeunes filles envoyaient leurs offrandes accompagnées d'émouvantes lettres[8].

Le mouvement s'étendit aux communes voisines, dont les maires prenaient souvent eux-mêmes l'initiative de souscriptions. Parfois aussi, elle venait des gardes nationaux. Ainsi, entre autres, les communes d'Oullins, de Collonges, Solèze, Vernaizon, la Mulatière, Saint-Rambert, Chessy, Condrieu, Neuville, Chaponost, Cuire, Caluire participèrent à l'œuvre[9]. Des départements limitrophes, principalement de l'Isère, des souscriptions furent également envoyées[10].

Au local du Bazar, la plus grande animation régnait. Un étranger racontait ainsi l'impression que lui avait causée une visite dans la salle du Palais Saint-Pierre affectée à l'œuvre : « Je suis étranger à la ville de Lyon et, quoique j'habite une cité voisine, mes affaires

[1] La salle de la Loterie était située place des Pénitents de la Croix, près du Rhône. Voir le plan de Lyon, Bibl. de 1830, par J.-M. Darmet. Bibliothèque de la Ville, fonds Coste, 145.
[2] *Sentinelle nationale*, 7 juillet 1831.
[3] *Archives du Bazar*.
[4] *Précurseur*, 1-2 août 1831.
[5] *Ibid.*, 24 juillet 1831.
[6] *Ibid.*, 9 août 1831.
[7] *Ibid.*, 22 juillet 1831.
[8] *Ibid.*, 20 juillet 1831.
[9] *Précurseur, Journal du commerce*, numéros de juillet et août 1831 et *Archives du Bazar*.
[10] *Ibid.*

m'appellent rarement dans la seconde capitale du royaume. Aussi, dès que j'y viens, me fais-je un véritable plaisir de me mettre au courant de tout ce qui peut avoir paru de nouveau ou d'intéressant. A ce titre, j'avais entendu parler de l'établissement philanthropique d'un Bazar polonais destiné à secourir les plus glorieuses infortunes de notre époque si féconde en hautes calammités..... Je me rendis donc mercredi au Palais Saint-Pierre et je demandai la salle du Bazar. Quelles ne furent pas ma joie et ma surprise en me voyant introduit dans une grande et belle salle au milieu de laquelle se trouvaient de généreux patriotes occupés à enregistrer avec une minutieuse exactitude tous les dons que la bienfaisance lyonnaise voulait bien consacrer au soulagement de nos frères de Pologne. Autour d'eux étaient rangés avec soin des objets de toute nature déjà destinés à cette sainte cause. Là, des tableaux de prix, des parures de femmes, des tabatières, des flambeaux..... tout ce qui existe y est..... J'ai été témoin de quelques traits que je crois devoir faire connaître. Une pauvre femme apportait un paquet de charpie et restait toute honteuse à la vue des masses qui existaient déjà dans la salle. Tirant alors de sa poche un écu de 5 francs, le seul peut-être qu'elle possédât : « Joignez cela, dit-elle, ça pourra servir à en acheter d'autres[1]..... »

Riches et pauvres, républicains et ministériels, avaient donc contribué au mouvement. De Paris, le général Knasievicz et le comte Plater[2] avaient au commencement de juillet adressé leurs remerciements au comité du Bazar dans une lettre émue[3]. Dès la même époque, l'administration du Bazar, dont Sylvain Blot, le futur préfet de la Meuse, était l'actif secrétaire, avait adressé des secours pécuniers et de la charpie en Pologne. C'étaient les éléments nécessaires aux soins à donner aux blessés, qui manquaient surtout aux insurgés. Vers le 2 juillet, un banquier de Colmar écrivait à l'un des membres de la Société «. ... La charpie est si rare à Varsovie qu'on la paie un prix excessif et, qu'à défaut d'elle, de malheureux blessés ont été pansés bien souvent avec de l'étoupe, même du foin.

---

[1] *Journal du Commerce*, 20 juillet 1831.

[2] Dès le commencement de la révolution polonaise, le Gouvernement insurrectionnel avait délégué à Paris le général Knasievicz et le comte Plater pour solliciter l'aide de la France.

[3] *Compte rendu du Bazar polonais*, Lyon, 1836.

Dans la huitaine, j'espère pouvoir en expédier une petite balle à une maison de Francfort qui se charge de l'expédition jusqu'à Varsovie..... Si vous parvenez à rassembler une certaine quantité de charpie et de bandes, vous pouvez me les adresser, je me ferai un plaisir de les faire parvenir à Francfort[1]... »

C'était en effet par l'intermédiaire de correspondants à Francfort et à Colmar que les secours étaient expédiés par le Bazar. En une douzaine de jours, ils parvenaient de Francfort à Varsovie. L'argent était envoyé par un correspondant de Leipzick. Du 13 au 20 juillet, 12.580 francs furent ainsi adressés[2]. Dans le courant du mois d'août, les expéditions devinrent plus difficiles. Voici ce qu'écrivaient à ce sujet, le 13 août, au banquier Jean Bontoux, trésorier du Bazar, les correspondants de Leipzick : «..... Nous sommes peinés de ne pouvoir encore vous transmettre les quittances de vos premiers paiements. La route directe d'ici Varsovie étant rompue par la marche de l'armée russe, les lettres font un détour considérable pour y arriver ; c'est à ce même détour qu'il convient d'attribuer le délai dont nous nous plaignons[3]..... » A ce moment, Paskiewitch, le général commandant l'armée russe, approchait de Varsovie et la tragédie allait avoir bientôt son dénouement. Les fonds envoyés parvinrent pourtant à destination. Du 2 au 25 août, 17.500 francs furent encore expédiés[4].

Les derniers jours de juillet, les 27, 28 et 29, l'exposition publique des objets du Bazar eut lieu au Palais Saint-Pierre, décoré à cette occasion de trophées, où se mêlaient les couleurs françaises et polonaises[5]. Le public, admis de 11 heures à 2 heures et de 4 heures à 8 heures, y afflua. Toutes sortes d'objets d'art voisinaient sur les banques avec des marchandises diverses et des bijoux donnés par les dames lyonnaises. « La reconnaissance publique, écrivait la *Sentinelle Nationale*[6], s'arrêtait avec le plus d'émotion devant ces petites montres d'or, ces anneaux, ces diamants, ces bracelets, ces colliers, sacrifices de tant de jeunes femmes aimables qui

---


[1] *Précurseur*, 13 juillet 1831.
[2] *Archives du Bazar*.
[3] *Précurseur*, 30 août-1er septembre 1831.
[4] *Archives du Bazar*.
[5] *Compte rendu du Bazar*, 1836.
[6] 5 août 1831.


M. D.

2

attachent ordinairement un grand prix à ces brillantes parures et qui les jettent maintenant comme des cailloux dans la balance des destinées de la Pologne. » Des artisans apportèrent le résultat de leurs travaux, les sculpteurs, les peintres, les dessinateurs, les compositeurs, les littérateurs envoyèrent de leurs œuvres. « MM. Ballanche et Aimé Martin, lisait-on dans un journal[1], nos compatriotes, revendiquent de Paris leur droit de cité chez nous par de précieux ouvrages; et comment ne pas citer encore ce poète inimitable, l'honneur de son sexe et du nôtre, qui a joint à deux beaux volumes de ses œuvres quelques vers autographes, la plus délicieuse peut-être de ses inspirations..... » Marceline Desbordes-Valmore venait en effet, de nouveau, d'inscrire les vers suivants sur un exemplaire de ses poésies :

> *Ces dons que le cœur sème*
> *Aux blessés du chemin,*
> *Dieu les voit, Dieu les aime,*
> *Dieu les prend en sa main[2].*

Dans la salle de l'exposition, le buste de Louis-Philippe trônait, entouré de trophées d'armes. On voyait là un symbole destiné à rassurer les esprits timides et peut-être aussi à encourager le pouvoir à soutenir la Pologne. La *Sentinelle Nationale* écrivait à ce propos les lignes suivantes[3] «..... Quelle place plus digne de lui (Louis-Philippe) que ce temple de l'honneur national et de l'humanité, et qui eût pu mieux la remplir. Y a-t-il une pensée généreuse à laquelle le roi citoyen soit étranger, une grande action à laquelle il ne préside?..... » Puis, s'adressant à lui : «..... Oui, tu la sauveras cette autre France à laquelle sont attachés nos cœurs et nos vies. Tu la sauveras, car ton âme est grandes, tu la sauveras, car nos glaives et nos trésors t'environnent comme la toute-puissance de notre amour. »

Ce loyalisme orléaniste, d'où l'ironie n'était pas absente, et cette ardeur guerrière n'étaient point faits pour plaire aux milieux légitimistes, dont les organes avaient jusqu'alors ouvert leurs

---

1 *Sentinelle nationale*, 12 août 1831.
2 *Glaneuse*, 18 septembre 1831.
3 5 août 1831.

colonnes aux communiqués du Bazar et qui laissèrent percer leur inquiétude.

Déjà, le *Cri du Peuple*, journal de ce parti, avait protesté contre le Gouvernement de Juillet, qui « avait contribué à nourrir l'esprit d'insurrection [1] » en Pologne, et laissé les journaux français « protéger ouvertement la révolte et l'encourager par des promesses pompeuses et de fastueuses promesses d'envoi de secours et d'argent [2]..... » ; lorsque d'autres faits vinrent alors quelque peu alarmer les éléments modérés et ministériels qui participaient à l'œuvre. Les esprits avancés recommençaient, en effet, à vouloir créer un mouvement d'action en faveur de la Pologne. Au commencement du mois d'août, un certain nombre de Lyonnais s'étaient réunis afin de s'associer à la pétition adressée à la Chambre élective à l'effet de solliciter le Gouvernement de prendre enfin des mesures capables d'assurer le triomphe des Polonais. Le journal républicain, *la Glaneuse* avait même organisé un banquet, auquel le *Journal du Commerce* s'était associé, et à la fin duquel Louis Berthaud, Lamerlière et Kauffmann, le jeune poète dont le nom commençait à être répandu, dirent en vers ardents leur amour pour la Pologne. Des toasts y furent portés « à la chute du Ministère qui laissait égorger les Polonais [3] ». A la même époque, les élèves du Collège royal, désireux de s'associer à l'œuvre du Bazar, décidèrent de lui abandonner leurs prix de fin d'année. Le *Précurseur* loua hautement cette initiative. Mais elle ne fut guère du goût du *Cri du Peuple*, qui s'en effraya et craignit la contagion développée par son exemple. Il voyait là un encouragement donné à la jeunesse en faveur des idées d'émancipation, et une défaillance morale « coupable ». « Nous ne nous étonnons plus, disait-il, de cette nouvelle, qu'en d'autres circonstances nous aurions trouvée fort extraordinaire. Nous savions que les flatteries corruptrices du libéralisme ont tellement agi sur la jeunesse réfléchissante, agitante, pensante, qu'elle traite comme chose indigne d'elle, ces prix..... De tels résultats..... accusent bien haut la Révolution et doivent inspirer aux pères de familles de sérieuses inquiétudes [4]. »

---

[1] *Cri du Peuple*, 30 juillet 1831.
[2] *Ibid.*
[3] *Journal du Commerce*, 5 août 1831.
[4] *Cri du Peuple*, 10 août 1831.

Pourtant, ce journal n'osait pas blâmer la destination des prix abandonnés, mais il s'étonnait qu'on songeât à une misère lointaine avant de penser à celle avoisante et, tout en plaignant les Polonais, il rendait les libéraux responsables de leurs malheurs : «..... Personne plus que nous ne plaint et n'admire l'héroïque nation polonaise, jetée dans la carrière de la Révolte par les mensongères promesses du libéralisme. Cependant, nous pourrions nous demander comment il se fait que nos philanthropes, en apparence si touchés des infortunes lointaines de la Pologne,.... se montrent si peu soucieux de la misère de nos ouvriers..... Faudrait-il aller à quatre cents lieues de nos frontières chercher l'indigence et la secourir lorsqu'elle heurte à nos portes et fait retentir nos rues de ses chants douloureux..... »

Le *Précurseur*, comprenant que semblables attaques pouvaient avoir quelque portée, répondit en termes ardents : « Le *Cri du Peuple* distille son fiel à l'occasion de l'offre généreuse que les élèves du Collège royal ont faite des prix de fin d'année pour la cause polonaise. La feuille jésuitique y voit l'absence de toute émulation. Elle ne comprend pas qu'un simple laurier qui remplacerait les prix dans cette circonstance serait d'autant plus disputé que l'élève qui l'aurait mérité serait inscrit parmi les bienfaiteurs de la nation héroïque. Que les jeunes élèves persévèrent dans leur louable résolution. Les injures du *Cri du Peuple* confirmeront les applaudissements des bons Français ![1] »

Ils persévérèrent en effet, et leur exemple s'étendit aux divers établissements d'enseignement de la ville, de Villeurbanne et de Villefranche[2]. L'administration du Bazar adressa à chaque élève qui abandonna des prix une lettre de remerciement à forme de diplôme[3].

C'est à la même époque qu'apparaît pour la première fois, ouvertement, dans le mouvement polonais, l'huissier Reverchon, un des principaux instigateurs de l'insurrection d'avril 1834. Il s'occupa de réunir dans les environs de Lyon, à Fleurieu, des subsides pour le Bazar[4].

---

[1] 10-11 août 1831.
[2] *Sentinelle nationale*, 23 août 1831.
[3] *Archives du Bazar*.
[4] *Sentinelle nationale*, 23 août 1831

A la fin du mois d'août, survint un événement très significatif qui montra que, désireux de l'utiliser pour leurs fins politiques, les éléments avancés reparaissaient dans l'agitation, en faveur des Polonais. Lubienski, agent de la légation polonaise en France, vint en ce moment à Lyon, afin d'essayer de placer des coupons de l'emprunt tenté par le Gouvernement insurrectionnel. Le 27 août, quelques membres du Bazar lui offrirent un banquet dans un restaurant où étaient réunis en même temps un certain nombre d'amis de Paulze d'Ivoy, désireux de fêter l'arrivée récente à Lyon de l'ancien préfet, révoqué par Casimir Périer, à la suite de son attitude vis-à-vis des réfugiés italiens. Bientôt, les doux groupes se réunirent et fraternisèrent, on but en commun à la délivrance de la Pologne, au triomphe de la liberté; on fêta l'ancien préfet, on loua son patriotisme, son talent, et l'on invita le Gouvernement à reconnaître sa valeur en l'appelant à un nouveau poste. La musique de la première légion de la Garde nationale vint donner une sérénade sous les fenêtres de l'hôtel [1]. Les éléments qui se trouvaient réunis, fortement hostiles au Gouvernement, représentaient le milieu le plus actif de l'administration du Bazar.

Quelques jours plus tard, le *Précurseur*, en présence des mauvaises nouvelles venues de Pologne, qui faisaient entrevoir la chute probable de Varsovie, soucieux de ne pas laisser les idées qu'il défendait pâtir de la défaite de l'insurrection, ayant voulu rejeter sur toute l'Europe la cause de ce désastre, écrivit ces lignes : « Que la Pologne tombe, si la politique des grandes puissances y consent! » Le *Cri du Peuple* laissa alors éclater sa joie de voir l'ancien optimisme du journal républicain recevoir un si douloureux démenti. Sa sympathie pour la Pologne disparut devant son esprit de parti, et son animosité envers l'œuvre de bienfaisance, jusqu'alors dissimulée, se montra. « Que la Pologne tombe, reprenait-il [2]..... Et vos chants de victoire? Et vos proclamations sur lesquelles vous appeliez l'or au secours de la révolte, et vos bazars? Et vos souscriptions? Et ces prix que vous arrachiez des mains de l'enfance à force de flatteries et de bassesses? Et vos bals si ridicules? Et vos tristes concerts? Qu'est devenu tout cet échafaudage d'orgueil et de

---

[1] *Précurseur*, 28 août 1831.
[2] *Cri du Peuple*, 2 septembre 1831.

néant !..... » Il invitait, en outre, les Polonais à se soumettre au Czar, à répudier les funestes doctrines de la révolte et surtout à s'écarter de ceux qui les prônaient : «.... Désavouez, maudissez les doctrines impies, les hommes coupables qui, parmi nous, encouragèrent vos efforts, saluent votre dernière heure de leur dédain insultant; ils disent égoïstes sans pudeur : « Que la Pologne tombe! » Ils diraient au besoin : « Si nous restons debout, que l'univers « s'abîme !..... »

La *Sentinelle Nationale* s'indigna, elle aussi, de l'article du *Précurseur*, mais à un tout autre point de vue. D'opinions plus avancées que lui, elle lui reprocha au contraire d'avoir manqué d'ardeur et de se désintéresser de la cause à l'heure où elle avait le plus besoin d'être soutenue [1].

Le journal si attaqué se défendit de son mieux et s'efforça ainsi de justifier ses illusions sur l'avenir de la Pologne : «..... C'est en vain que nous avons cherché à nous tromper nous-mêmes : le dernier moment de la Pologne est venu, la lutte était trop inégale pour durer longtemps. » Mais l'occasion était trop belle pour le *Cri du Peuple* de frapper ceux qui, en somme, avaient été les premiers défenseurs des Polonais et de l'idée insurrectionnelle qu'ils représentaient. Aussi revint-il à la charge [2]. « Eh quoi, vous avez cherché à vous tromper vous-même ?..... Vous saviez aussi bien que nous qu'en excitant à la révolte le peuple généreux..... vous creusiez son tombeau..... ». Il reprit la question de l'abandon des prix, qui, parce qu'elle était relative à la jeunesse, l'avait vivement touché : «..... Et quand il y a huit jours à peine vous en appeliez à la bienfaisance publique; quand vous arrachiez des mains des jeunes élèves, abusés par vos jongleries, les prix qu'ils venaient d'obtenir, quand vous réunissiez les dupes dans les bazars..... vous saviez que la lutte était trop inégale pour durer longtemps..... » Il ajoutait : «..... Si la douleur que nous font éprouver les malheurs de tout un peuple..... nous permettait un autre sentiment, nous nous demanderions si vous voulez renouveler le scandale des souscriptions du Champ d'Azile, de la Chaumière de Clichy et de cette autre souscription plus honteuse encore que vous avez appelée nationale ! »

[1] *Sentinelle nationale*, 20 septembre 1831.
[2] *Cri du Peuple*, 4 septembre 1831.

Cette fois, le *Cri du Peuple,* qui pendant longtemps s'était efforcé de distinguer entre ceux qui, d'après lui, soutenaient principalement l'esprit révolutionnaire en Pologne, et la bienfaisance telle qu'elle était réalisée dans le Bazar, englobait le tout dans la même réprobation. Pour lui le Bazar n'était plus qu'un masque cachant les menées des partis révolutionnaires. Mais il ne semble pas que malgré les attaques du journal légitimiste, malgré surtout l'influence que recommençaient à prendre les esprits avancés dans le mouvement pour les Polonais, celui-ci entrât en défaveur. Les hommes du juste milieu continuaient à s'intéresser à l'œuvre du Bazar, comme ils l'avaient fait en juillet. A cette époque, en effet, les Comités soutenant Jars, candidat du juste milieu, au Collège électoral du Nord, avaient envoyé mille francs au Bazar, en ayant soin de faire annoncer le don par le *Précurseur* [1].

Pendant le mois de septembre, les souscriptions continuaient à arriver. Les corporations ouvrières, en particulier celles des perruquiers, des ouvriers en soie, des ouvrières en peignes, répondirent à l'appel qui leur avait été antérieurement adressé [2]. De nouveaux concerts et de nouveaux bals furent donnés au bénéfice de l'œuvre [3]. L'administration du Bazar s'efforça de répandre de plus en plus son action dans les villes et les régions voisines. Elle délégua plusieurs de ses membres qui se rendirent partout où une action pouvait être développée. Sur leur instigation une association se forma à Chalon-sur-Saône au commencement de septembre [4]. A sa tête se trouvaient des éléments pris dans la bourgeoisie libérale ; en quarante-huit heures ils réunirent plus de huit cents francs. Les sommes recueillies étaient mises à la disposition du Bazar. A Nîmes, une association protestante, à la tête de laquelle se trouvait le pasteur Emilien Frossard, s'était fondée à la fin du mois d'août. Elle adressa à l'œuvre lyonnaise le produit de ses quêtes et de ses souscriptions [5]. Les dames de la ville réunissaient les jeunes filles autour d'elles, dans les écoles, et les occupaient à faire de la charpie pour le Bazar [6]. A Vienne, les élèves des écoles communales,

---

1 *Précurseur,* 17 juillet 1831. *Sentinelle nationale, id.*
2 *Archives du Bazar.*
3 *Précurseur,* 7-8 septembre. *Sentinelle nationale,* 17 septembre 1831.
4 *Patriote de Saône-et-Loire,* numéros des 10 et 14 septembre 1831.
5 *Archives du Bazar.*
6 *Précurseur,* 27 août 1831. *Id.,* 17 août 1831.

suivant l'exemple de leurs camarades de Lyon, abandonnaient leur prix.

Afin de tirer le plus grand bénéfice des objets donnés, l'administration du Bazar décida de les mettre en loterie. Elle émit des billets au prix de cinq francs en nombre égal à celui des lots, soit quatre mille quatre cent seize. Des affiches apposées dans toute la ville annoncèrent cette décision ainsi que le tirage qui eut lieu le 20 septembre au milieu d'une grande affluence [1].

Mais, déjà, le dénouement en Pologne était survenu. L'armée russe, commandée par Paskievitch, entourait Varsovie et, le 6 septembre, les premières tentatives de capitulation faites le 4 ayant échoué, le bombardement commençait. Le 7, la Diète polonaise se résigna et les troupes russes occupèrent la ville. C'était la fin de l'insurrection. La nouvelle fut annoncée à Paris le 15 septembre par le *Moniteur*. Toutes les questions politiques du moment disparurent et, seule, la pensée de la défaite des Polonais occupa les esprits. Une consternation générale s'empara de la capitale. Le soir les théâtres furent fermés et, le lendemain, l'apaisement se changea en révolte. Des groupes se formèrent, des boutiques d'armuriers furent pillées et des tentatives de barricades eurent lieu. L'ordre fut pourtant rapidement rétabli grâce à la troupe régulière que le pouvoir avait immédiatement utilisée.

La nouvelle de la capitulation parvint à Lyon le 19 septembre. L'émotion se manifesta moins vivement qu'à Paris ; la *Glaneuse* s'en plaignit même en termes amers : « ..... Hier, avant-hier, il y a trois jours, quel étranger arrivé à Lyon aurait supposé qu'on y connaissait la prise de Varsovie ? ..... La joie était sur vos fronts, le rire sur vos lèvres ..... Pauvre Pologne, pauvres peuples de la terre [2] ! »

Le même journal, ainsi que le *Précurseur*, publièrent de longs articles sur la fin de la Pologne. Le *Cri du Peuple* leur reprocha de nouveau les encouragements qu'ils avaient donnés à l'insurrection. C'était toujours, d'après lui, la faute des libéraux si l'inutile résistance avait été ainsi prolongée : « ..... Ce nouvel exemple, disait-il, de ce que peut, de ce que veut le libéralisme sera-t-il donc

1 *Archives du Bazar* et *Compte rendu* de 1836.
2 *Glaneuse*, 22 septembre 1831.

perdu ? Verrons-nous toujours les hommes de bien ..... croire aux fables les plus absurdes, se laisser prendre aux pièges les plus grossiers, offrir l'appui de leurs esprits et de leur bourse aux charlatans qui les séduisent par les grands mots de liberté et de patriotisme [1] ! » Il invitait surtout le peuple français à profiter de la leçon. La Pologne succombait par la faute du parti révolutionnaire qui l'avait poussée à la révolte. « Ainsi est menacée toute nation assez aveugle pour s'attacher au char des ambitieux et des novateurs [2]. » Quelques jours plus tard, il s'en prit aux organisations de bienfaisance en faveur des Polonais : « ..... Nous n'avons cessé de proclamer que l'héroïque nation polonaise était la victime des Jacobins..... Les Bazars, les souscriptions étaient autant de leurres fêtés à ce malheureux peuple pour le pousser et le soutenir dans une lutte dont le libéralisme avait dès le principe calculé la terrible issue. »

Il pouvait sembler, en effet, que le Bazar polonais avait terminé son rôle. La lutte avait pris fin, il n'y avait plus de combattants à soutenir ; l'œuvre perdait sa raison d'être. C'est ce qui parut tout d'abord aux administrateurs du Bazar. Pendant le mois d'août ils avaient expédié dix-sept mille cinq cents francs aux Commissions de secours établies à Varsovie [3], et maintenant tous moyens sûrs de communication avec elle étaient perdus. Ils annoncèrent que l'œuvre prolongerait son existence simplement pour l'apurement des comptes, et afin de terminer les relations engagées pour le but commun avec les départements voisins. Mais voulant néanmoins utiliser convenablement les fonds qui restaient, et, peut-être, pour quelques-uns en raison de l'ignorance de la suite que pouvait avoir la prise de Varsovie, les administrateurs déclarèrent que les sommes actuellement en caisse seraient conservées pour secourir la nation polonaise « soit qu'elle se disperse au delà de ses foyers, soit qu'elle languisse blessée au cœur et couverte de sang [4] ». Pendant les mois d'octobre et de novembre, l'œuvre resta donc sans activité, les administrateurs ne pouvaient savoir exactement le rôle qu'elle avait encore à jouer.

[1] *Cri du Peuple,* 21 septembre 1831.
[2] *Ibid.,* 23 septembre 1831.
[3] *Archives du Bazar.*
[4] *Précurseur,* 20 octobre 1831.

***

Le mois de novembre 1831 compte parmi les plus sombres de l'histoire lyonnaise. La situation économique des fabriques de soieries rendant intolérable la vie des ouvriers, ceux-ci, déçus de voir inappliqué un tarif de salaires librement consenti avec les patrons, se révoltèrent. Pendant trois journées, ils furent les maîtres de la ville qu'ils couvrirent de leur tragique drapeau noir portant les mots : « Vivre en travaillant ou mourir en combattant ! » Une douloureuse répression anéantit leur mouvement.

Point n'est ici le moment de refaire une fois de plus l'histoire de cette insurrection. Il suffisait de la rappeler pour qu'on comprît aisément que, pendant la fin du mois de novembre et pendant les premières semaines de décembre, les Polonais furent oubliés. D'autres préoccupations plus pressantes et plus proches sollicitaient les esprits. De nombreux et des principaux organisateurs du Bazar avaient combattu pour l'ordre, dans les rangs de la Garde nationale. Certains d'entre eux tels qu'Acher, le président, et Sylvain Blot, le secrétaire, avaient même été blessés [1].

Pourtant, une fois l'apaisement commencé, l'œuvre en faveur des Polonais devait être reprise. L'insurrection avait été un mouvement purement de classe, sans préoccupations politiques, combattu par presque tous ceux qui n'appartenaient pas au milieu ouvrier. Elle n'avait donc été une cause de divisions entre libéraux, démocrates et républicains qui pouvaient continuer à travailler ensemble pour le bénéfice des Polonais. Les républicains ne devaient nullement tenir à voir cette action abandonnée. Les vaincus avaient commencé leur émigration et de nombreuses colonnes se dirigeaient vers la France pour gagner les dépôts que le gouvernement leur avait assignés dans le Midi, à Avignon et à Lunel. Les milieux avancés menaient une campagne dans le but de faire adopter par la France, en les incorporant dans son armée, les soldats polonais fugitifs qui, ils l'espéraient avec juste raison, viendraient augmenter leurs forces.

La Société du Bazar désireuse de continuer son action, poussée

---

[1] *Notice..... des morts et blessés civils et militaires à la suite des événements de Lyon.....*, novembre 1831. (Bibliothèque de la Ville, fonds Coste, 352.953.)

par les démocrates, modifia alors son but. Les sommes inemployées provenant des souscriptions antérieures ayant été placées, il convenait de leur trouver une utilisation. Aussi les administrateurs demandèrent-ils aux Nonces et aux Députés de l'ancienne Diète polonaise, composant à Paris un Comité national, un conseil pour donner aux fonds « une destination non équivoque dans l'intérêt des proscrits émigrants sur le sol français [1] ». Le 21 décembre, Joachim Lelewel [2], président du Comité national polonais, leur répondit en faisant appel à leur concours en vue de faciliter aux émigrants dispersés l'arrivée en France. En outre il les remerciait d'avoir créé une médaille commémorative de l'insurrection en Pologne [3].

C'est que le Comité du Bazar ne s'était pas contenté de conserver et de faire fructifier les ressources déjà réunies. Il avait songé à en acquérir de nouvelles. Pour cela, il eut l'idée ingénieuse de faire frapper une médaille devant rappeler le souvenir de la nation révoltée, et qui serait vendue au profit du Bazar [4]. Dès la fin d'octobre, ce qui montre que certains des administrateurs avaient déjà l'idée de continuer l'œuvre, une circulaire avait été imprimée, faisant appel aux amis des Polonais désireux de garder un souvenir matériel de la lutte, tout en contribuant à aider la Pologne : « ..... La main que nous avons tendue à ses enfants, lisait-on, nous ne la retirerons point sans qu'elle les ait servis en quelque chose » ; et plus loin : « ..... La Société du Bazar, après s'être imposé la tâche de secourir la Pologne par tous les moyens qui lui étaient permis ..... s'est crue en droit de prendre une autre initiative, celle de fonder un monument durable pour les familles de ceux qui concoururent à son bienfait..... Dans ce but, elle a arrêté qu'une souscription serait ouverte à l'effet de parvenir à l'exécution d'une médaille frappée au millésime de 1831, et consacrant par son sujet la résistance héroïque

---

[1] *Précurseur*, 24-15 décembre 1831.

[2] Lelewel, professeur d'histoire à Wilna, avait été destitué en 1824 par le pouvoir russe. Membre de la Diète polonaise, il fut un des promoteurs et un des chefs de la Révolution. En 1831, il se réfugia en France, d'où le Gouvernement de Louis-Philippe l'expulsa peu après. Il professa alors à l'Université nouvelle de Bruxelles.

[3] *Archives du Bazar*.

[4] *Ibid*.

du peuple Polonais[1]. » On pouvait souscrire pour la médaille dans les bureaux du *Précurseur* et au *Journal du Commerce* devenus, en quelque sorte, les organes officieux des administrateurs du Bazar. Ceux-ci, pourtant, s'efforçaient de maintenir extérieurement un aspect de loyalisme envers le roi, tout en exprimant des idées nettement libérales. Dans un appel pour la médaille, écrit par un membre du Bazar, et édité par la Société on pouvait lire[2] : « La Pologne ..... n'est-elle pas notre plus vaillant, notre plus véritable allié, si le délire des rois les arme contre nous. Et pour peu que nous restions dignes d'elle et de nous-mêmes, ne sommes-nous pas certains de la retrouver tout entière au jour des alarmes, avec son grand caractère et son peuple de héros ..... Si, au gré de tous nos vœux, la paix générale, au contraire, n'est point troublée, si la liberté s'enracine et grandit chez nous, ne voyez-vous pas infailliblement et bientôt, au seul souffle de la civilisation universelle, la Pologne se relever avec gloire et son exemple ..... fondre les chaînes de tant de nations slaves qui la comprennent ..... Non tu ne mourras pas[3] ! » Cette phrase était celle que la médaille devait porter, avec la date 1831 et un groupe de figures représentant la France offrant son appui à la Pologne. Sur le revers, les mots : « A l'héroïque Pologne ». Le modèle fut choisi entre plusieurs essais dont un spécimen de l'un d'eux existe dans la collection Rozas, au Musée de Lyon. C'est une épreuve, en étain creux, représentant sur l'envers un profil accompagné des mots : « Thaddeus Kosciuszko », et portant sur le revers : « Les patriotes lyonnais à leurs frères de Pologne les 27, 28, 29 juillet 1831[4] ». La médaille frappée était en bronze et coûtait 5 francs dont les deux tiers restaient affectés au Bazar. Elle fut gravée par J.-J. Barre[5]. Des affiches furent apposées partout à Lyon pour l'annoncer. Des lettres individuelles, de nombreuses circulaires furent envoyées dans les départements et à l'étranger. Pendant toute l'année 1832 des souscriptions parvien-

---

[1] *Archives du Bazar.*

[2] *Ibid.* Il convient d'indiquer que les imprimeurs travaillaient gratuitement pour l'œuvre.

[3] Peut-être peut-on voir dans cet appel un reflet des idées Saint-Simoniennes, ce qui le ferait attribuer à Arlès Dufour.

[4] Cet essai, ainsi que la médaille, nous ont été aimablement communiqués par M. P. Dissard, conservateur des musées de Lyon.

[5] J.J. Barre, 1793-1855, graveur général des monnaies.

nent, et le produit total, brut, de la vente s'éleva finalement à
16.328 francs[1]. A New-York, le jour de l'arrivée de la circulaire,
mille souscriptions furent prises. Le premier exemplaire frappé de
la médaille fut remis à Lafayette que l'on chargea d'en transmettre
une au président de la République des Etats-Unis, le général
Jackson[2]. Ce nouvel effort n'avait été nullement apprécié de la
*Gazette du Lyonnais*, journal qui avait succédé au *Cri du Peuple*.
Elle avait espéré que la prise de Varsovie aurait mis fin à cet inquié-
tant mouvement. Aussi, lorsqu'au commencement de janvier 1832,
elle vit l'œuvre prendre un nouvel essor, elle se lamenta en ces
termes : « ..... Maintenant que la nationalité polonaise a péri, nous
pensions que le Bazar polonais établi dans notre ville avait aussi
cessé d'exister et que les fonds produits par la souscription ne pouvant plus recevoir leur destination primitive seraient appliqués au
soulagement de nos infortunés compatriotes. Nous étions dans
l'erreur, un avis du secrétaire du Comité Polonais[3] inséré dans un
journal annonce qu'on va frapper une médaille qui ne coûtera que la
bagatelle de 5 francs en l'honneur du peuple polonais. N'est-ce pas
se jouer de la misère publique et faire acte de mauvais Français
que de proposer une pareille souscription quand la moitié de notre
population manque de pain[4] ! »

Malgré ces attaques, assurée de ressources nouvelles, la Société
du Bazar commença son action en faveur des réfugiés. Déjà, dans
le courant de janvier, elle avait accordé des secours aux Polonais
passant isolément ou par petits groupes pour se rendre dans le Midi
de la France, lorsque furent signalées des colonnes plus importantes. C'étaient les débris des corps d'armées des généraux
Rybinski et Gielgud[5], qui devaient, arrivant par Strasbourg et
Metz, traverser Lyon pour se rendre au dépôt général des réfugiés,
à Avignon. Depuis la frontière, les colonnes avaient trouvé des

---

[1] *Compte rendu* de 1836.

[2] *Archives du Bazar*.

[3] C'est certainement « du Comité du Bazar » qu'il faut lire. Il ne paraît
pas qu'il y eut, à cette époque, à Lyon, d'autres organisations en faveur des
Polonais.

[4] *Gazette du Lyonnais*, 1er janvier 1832.

[5] Rybinski et Gielgud étaient deux des principaux généraux de l'armée polonaise. Rybinski après la prise de Varsovie essaya en vain de reconstituer une
armée.

villes en fête. Partout les populations les acclamaient, aussi la Société du Bazar invita-t-elle les Lyonnais, par un pressant appel, à accueillir fraternellement les réfugiés. « Si nos acclamations, disait-elle, doivent être ici moins brillantes que les siennes (celles de l'Alsace-Lorraine), prouvons, du moins. à ces illustres proscrits, que notre admiration est toujours palpitante au fond de nos âmes[1]..... » D'une part, la Société vint au secours des comités créés à Metz et à Strasbourg, dont les ressources étaient modestes, en leur adressant des subsides. Elle s'occupa, d'autre part, d'assurer la vie des Polonais pendant leur passage à Lyon. Elle ouvrit, dans un bureau installé à l'hôtel de ville, un registre sur lequel vinrent s'inscrire nombreuses les personnes désireuses de recueillir, chez elles, les officiers et soldats polonais. On y enregistrait également les dons reçus nouvellement[2].

Pendant les premiers jours de février quelques officiers étaient déjà arrivés[3]. De petits détachements avaient également passé par la ville, accueillis avec empressement. On les accompagnait en chantant la « Parisienne » et la « Varsovienne », au grand désespoir de la *Gazette du Lyonnais* qui s'indignait de voir l'attitude de jeunes gens se promenant bras dessus bras dessous avec des réfugiés[4].

Vers le 10 février, une importante colonne traversa Dijon où elle fut admirablement reçue par la population, municipalité en tête. Elle arriva à Lyon le 13 février, par le bateau à vapeur de la Saône, escortée par un grand nombre de gardes nationaux de Mâcon et des villes voisines. Le bateau qui amenait les réfugiés était pavoisé de drapeaux tricolores ; sur l'avant se trouvait un écusson entouré de lauriers et surmonté de l'aigle blanc, avec cette inscription : « Aux immortels Polonais[5] ! » La foule couvrant les quais salua leur arrivée par des acclamations. Lorsqu'ils débarquèrent, chacun s'empressa et c'était à qui leur servirait de guide pour les conduire aux logements préparés par la Société du Bazar, qui leur distribua, en outre, pour plus de 6.000 francs de secours[6]. La garde nationale lyonnaise

---

[1] *Précurseur*, 12 février 1832.
[2] *Archives du Bazar.*
[3] *Précurseur*, 11 février 1832.
[4] *Gazette du Lyonnais*, 12 février 1832.
[5] *Courrier de Lyon*, 14 février 1832.
[6] *Archives du Bazar.*

avait été dissoute après les événements de novembre, mais les éléments avaient néanmoins tenu à participer à la réception des Polo -
nais. Ils allèrent les attendre « en pantalon et col d'uniforme », ce
qui constituait une sorte de manifestation. La *Gazette du Lyonnais* ne manqua point de la signaler et de s'en indigner, d'autant
plus que de nombreux soldats et officiers de l'armée régulière s'étaient
joints aux gardes nationaux. Des survivants de la grande armée se
retrouvaient et c'était des expressions mutuelles de fraternité ....
Les Polonais étaient ensuite dirigés, par bateaux à vapeur et par
transports militaires, sur Avignon. La Société du Bazar dépensa
environ 2.000 francs pour assurer, jusqu'aux dépôts du Midi, le
voyage des émigrés[1]. Le départ de Lyon était l'occasion de nouvelles manifestations[2].

Pendant le séjour à Lyon des Polonais, toute la ville était en
émoi. Il suffisait qu'un drapeau des réfugiés fût déployé dans une
des salles de l'hôtel de ville pour que la place sur laquelle se trouve
ce monument fût envahie. Dans les rues on ne voyait que groupes
s'arrachant les Polonais pour leur offrir à manger et à boire. Le
soir, les réfugiés assistaient aux représentations des théâtres. Le
15 février on jouait au Grand-Théâtre *la Vieille*[3] dont le sujet est
un épisode se passant en Russie. La salle contenait un grand nombre
d'officiers polonais. Après la représentation, un acteur chanta la
« Varsovienne », dont le refrain :

> *Polonais à la baïonnette !*
> *C'est le cri par nous adopté.*
> *En mourant le tambour répète :*
> *Vive, vive la liberté !*

souleva l'enthousiasme. Au dernier couplet, les drapeaux français
et polonais, tenus par les chanteurs, Saint-Ange et Auzet, furent
mêlés, aux bravos de la salle[4].

Les journaux républicains accueillirent avec joie les proscrits, et

[1] *Archives du Bazar.*
[2] *Courrier de Lyon*, 15 février 1832.
[3] *La Vieille*, opéra-comique de Scribe et Germain Delavigne, musique de
J. Fétis, représenté pour la première fois à l'Opéra-Comique, le 1er mars
1826.
[4] *Courrier de Lyon*, 16 février 1832.

invitèrent les Lyonnais à les traiter avec fraternité. « Bravo, Lyonnais, pouvait-on lire dans la *Glaneuse*[1] qui saisissait avec joie toute occasion d'attaquer le pouvoir, volez au-devant de nos frères de Pologne. Faites les asseoir au foyer domestique ..... dites-leur bien que si nous n'avons répandu que des larmes sur leur infortune, ce n'est pas nous qu'il faut accuser, et si quelques vizirs insolents ont comprimé l'élan national, les Français ne sont pas leurs complices. » Le *Courrier de Lyon*, qui paraissait depuis quelque temps et était alors le représentant des opinions du juste milieu exprimait également toute sa sympathie pour les émigrés[2]. Cela ne fut pas apprécié du *Journal du Commerce*, qui s'en indigna en ces termes[3] : « Non, ce n'est de la pitié, c'est de l'indignation qui soulève, qui révolte le cœur, quand le *Courrier de Lyon* vient, la phrase doucereuse, parler de ses sympathies pour la Pologne..... Quoi, l'odieux système du juste milieu a causé tous les maux des Polonais et l'organe du juste milieu ..... ose profaner les regrets qu'inspire l'horrible situation qu'il a préparée à ces héros! »

Le parti républicain avait tout de suite compris l'intérêt qu'il y avait pour lui à utiliser le mouvement de sympathie envers les Polonais qui soulevait la population. La *Glaneuse*, constatant qu'on avait au théâtre acclamé la « Varsovienne » et même la « Marseillaise », s'en réjouissait, et ne pouvait s'empêcher de laisser percer ses espérances. « ..... Il y a tout un avenir, disait-elle[4], dans cet élan national. Tant que le juste milieu n'aura pas su le comprimer, les patriotes doivent croire que la Révolution de Juillet portera enfin ses fruits. *Espérance et confiance!* » Les journaux avancés sentaient bien ce que l'armée révolutionnaire pouvait gagner à s'adjoindre ces éléments tout vibrants encore de leur lutte contre l'autocratie, aussi demandèrent-ils de nouveau l'incorporation dans l'armée française des officiers et des soldats polonais. « Mais que fera le Gouvernement en leur faveur? disait le *Précurseur*[5], il n'a, selon nous, qu'un moyen de les secourir, ce moyen c'est l'adoption ..... Qu'ils viennent donc, ces braves, recruter notre brave armée. Elle s'enorgueil-

---

[1] *Glaneuse*, 16 février 1832.
[2] *Courrier de Lyon*, 15 février 1832.
[3] *Journal du Commerce*, 17 février 1832.
[4] *Glaneuse*, 23 février 1832.
[5] *Précurseur*, 14 février 1832.

lira de revoir dans ses rangs des vieux compagnons d'armes.....
Pourquoi la France ne se lèverait-elle pas pour demander l'adoption
des Polonais ? ».

Outre les articles des journaux, les esprits avancés agissaient
également et d'une manière plus nette encore. Déjà, le 16 février,
à l'entrée d'une colonne d'émigrés, un banquet avait eu lieu. Les
Polonais arrivant cette fois par le faubourg de Bresse avaient été
attendus sur la route, avant l'entrée de la ville, et menés en cortège
jusqu'à la salle choisie pour y tenir le banquet[1]. Celui-ci, présidé par
les D^rs Dupasquier et Trolliet, assistés de différents membres du Bazar,
avait réuni un grand nombre de convives. A la fin, un toast fut
porté « à la Restauration des Polonais » ! L'orateur s'était écrié,
rappelant la demande d'incorporation à l'armée : « C'est à nous,
Français, de ne pas nous borner à une simple manifestation de nos
sympathies pour les débris de l'armée polonaise, mais à demander
par la voix de nos députés l'accomplissement de ce vœu national. »
Un des commissaires d'organisation leva son verre « à la liberté
des peuples » et le *Précurseur*, dans son compte rendu, reflétant
certainement l'opinion de ceux qui avaient applaudi ces paroles,
écrivait « ..... que ce cri sorti des barricades et qui a retenti dans
le cœur de nos braves compagnons d'armes, les Polonais, soit un
cri de réprobation contre la politique infâme qui voudrait l'étouffer».
On fêta également le nom de la comtesse Plater[2], dont on avait
signalé le passage à Lyon, ceux de Kosciuszko et de Lafayette. La
fête se termina aux chants de la *Parisienne*, de la *Varsovienne* et
de la *Marseillaise*.

La dernière colonne devait passer par Lyon le 17 février. Depuis
plusieurs jours, un comité s'était constitué à l'effet d'organiser une
manifestation pour cette occasion. Des réunions préparatoires
avaient eu lieu et un grand banquet devait se tenir dans leur salle
du quartier des Brotteaux, dite du « Grand-Orient[3] ». Le secrétaire-

---

[1] *Précurseur*, 16, 17, 18 février 1832.

[2] C'était la femme du comte Plater, dont il est parlé plus haut (en
note). D'après le *Précurseur*, la comtesse Plater avait été l'objet d'une
manifestation enthousiaste dès qu'elle avait été reconnue parmi les émigrés.
On aurait dételé les chevaux et traîné sa voiture. Mais la *Gazette du Lyonnais*,
se moquant de cet incident, déclara que la comtesse était en réalité la
femme d'un simple officier et qu'elle s'amusa beaucoup de l'aventure.

[3] *Précurseur*, 15-16 février 1832.

trésorier du banquet était Reverchon, le futur condamné de 1835. Le vendredi 17, toute l'ancienne garde nationale, en tenue de service, ainsi que les souscripteurs du banquet étaient convoqués à la chapelle de Saint-Clair, au nord de la ville, sur la route de Bresse, suivie par les Polonais, pour se rendre au-devant d'eux. Précédée d'une fanfare, une foule considérable se porta à 9 heures du matin au delà des faubourg. Les Polonais, accueillis par d'enthousiastes acclamations, furent conduits en cortège à l'hôtel de ville. Aux applaudissements se mêlaient des cris contre le Gouvernement. « Ah ! si les apôtres du juste milieu ont entendu cette acclamation immense, ils ont dû y trouver une leçon », dit le *Précurseur* [1].

A l'hôtel de ville, les Polonais reçurent des mains des administrateurs du Bazar leurs billets de logement et, tandis que quelques-uns étaient emmenés à la Guillotière où un comité local s'était chargé de les héberger [2], la plus grande partie repartait pour la salle du banquet. Là, cinq cents couverts, tout ce que la salle pouvait contenir, étaient préparés [3]. Le Dr Gilibert présidait. Il prit le premier la parole et but « à la Pologne universelle », puis Lortet prononça un discours énergique contre « les assassins de la Pologne et leurs complices ». Arlès Dufour, tout imprégné de saint-simonisme, porta un toast « à l'alliance des peuples et à la civilisation pacifique du monde ». Enfin, Kauffmann, « dont le talent de poète, dit le *Journal du Commerce* [4], le dispute aux énergiques inspirations de citoyen » et qui commençait à se faire connaître dans les milieux républicains, dit une poésie dont nous extrayons les vers suivants [5] :

*Débris de légions, reliques des batailles,*
*Par miracle échappés aux longues funérailles,*
*Salut, Frères du Nord ! à vous dont l'aigle blanc*
*Au front de l'Empereur s'imprima tout sanglant.*

. . . . . . . . . . . . . . . . . . . . . . . . . .

*Naguère quand nos cris de douleur et de rage*
*Demandaient à voler au secours du courage,*

---

[1] *Précurseur,* 18 février 1832.
[2] *Ibid,* 19 et 24 février 1832.
[3] Voir les journaux de Lyon des 18, 19, 20 et 21 février 1832.
[4] 19 février 1892.
[5] Bibliothèque de la Ville, fonds Coste, 114.723.

*Les puissants nous disaient : La Pologne est trop loin*
*Et vous prenez pour elle un inutile soin !*
*Et vous voilà pourtant, amis des jours prospères,*
*Vous avez bien compris que nous sommes vos frères,*
*Et que seuls nous pouvons rendre la liberté*
*Aux peuples que l'Europe en a déshérité.*
*Eh bien ! puisqu'en nos champs le malheur nous rassemble !*
*Reposez-vous ! Plus tard nous partirons ensemble !*

. . . . . . . . . . . . . . . . . .

*Nicolas, Ferdinand, Don Miguel, tous les trois*
*Bourreaux qu'on a parés du beau titre de roi !*
*Affreux triumvirat, satanique alliance !*
*Homicides docteurs d'une horrible science,*
*Vautours prêts à saisir l'univers haletant,*
*Vous n'êtes pas brisés !.... Vous vivez et pourtant*
*Lorsque le peuple est las des horreurs qu'il endure,*
*La poitrine des rois est-elle donc si dure,*
*Que le fer d'un poignard n'y puisse pas entrer !*
*Non..... de pareils trépas ne sauraient illustrer.*
*Vivez.... et que vos jours chargés d'ignominie*
*Répondent pour le peuple à qui le calomnie.*

. . . . . . . . . . . . . . . . . .

Le Comité du Bazar avait organisé de son côté un banquet. Mais ce fut une simple manifestation de sympathie pour les Polonais, sans caractère politique. Le *Courrier de Lyon,* afin de bien montrer la différence des deux manifestations, rappela quelques jours plus tard que le banquet du 17 avait été présidé par Gilibert, membre de l'ancien Comité polonais, et n'avait aucun rapport avec le Bazar[1].

Les autorités municipales, prudentes et modérées, n'avaient point cru devoir paraître dans toutes ces fêtes, d'un esprit trop avancé pour elles, et trop notoirement organisées par des éléments à tendances républicaines. Le *Précurseur* les en blâma avec à-propos et ironie[2] : « Lyon, disait-il, est une ville essentiellement municipale et indépendante de la politique centrale !..... » et il rappelle : « Le 5 septembre 1829, le général Lafayette arrivait à Lyon. M. Pru-

---

[1] *Courrier de Lyon,* 26 février 1832.
[2] 18 février 1832.

nelle le complimentait et, dans un accès d'ironie, lui adressait ces paroles : « Général, nos magistrats ne sont pour rien dans les hon- « neurs qui vous sont rendus. » Le 17 février 1832, nous avons pu dire : « Polonais ! les magistrats ne sont pour rien dans les hon- « neurs qui vous sont rendus. » Le journal termine par ces mots : « ..... Qui donc a changé en si peu de temps du peuple ou de l'ora- teur ? Qui a trahi les principes éternels de l'humanité et de la liberté ?..... »

Le *Courrier de Lyon* se faisait, lui, l'interprète des préoccu- pations du Gouvernement relatives à l'installation en France des réfugiés. Sous le titre : « Français, méfiez-vous des clubs! », il publiait un article [1] où, citant les paroles d'un Polonais, il déclarait que c'étaient les clubs qui avaient perdu la Pologne, et invitait les Français à lutter contre leur action. A cette époque, à Lyon, les républicains, quoique divisés eux aussi comme à Paris, se groupaient déjà en sociétés secrètes et les ouvriers avaient de leur côté des clubs organisés sous le couvert de la mutualité ; il y avait donc un terrain tout préparé pour l'influence des Polonais [2]. On comprend donc que l'organe du juste milieu s'inquiéta de cet appui possible pour les républicains lyonnais. Le *Précurseur* ne voulut pas prendre la défense des clubs : « Nous ne croyons pas, disait-il [3], à l'utilité des clubs ; nous sommes autant que personne convaincus que les véritables conspirations sont celles de la publicité et de la raison générale... . » Il essayait néanmoins de justifier les Polonais et d'écarter la crainte que pouvait causer leur arrivée : « ..... N'est-ce pas le désespoir frénétique..... Ne sont-ce pas les lâches finasseries de notre cabinet qui exaspérèrent le peuple de Varsovie. » S'adres- sant au *Courrier de Lyon*, il ajoute : « ..... qu'on cesse donc de faire entendre les exhortations hypocrites ».

En fait, les Polonais qui, à la suite de leur exode s'établirent en Europe, apportèrent un contingent réel à l'élément avancé. De nombreux d'entre eux s'affilièrent immédiatement aux sociétés

---

[1] 17 février 1832.

[2] On sait que les sociétés secrètes jouèrent un grand rôle dans l'insurrec- tion polonaise. Dès 1820, il s'en était formé dont les plus importantes étaient : « la Maçonnerie nationale », devenue la « Société patriotique nationale », fondée par les élèves de Dowbrowski, et les « Phitarètes », société fondée par les étudiants de Vilna.

[3] 18 février 1832.

secrètes [1]. On retrouva leur trace dans les émeutes de Paris. L'un d'eux, le plus célèbre, Mickievicz [2], l'auteur du *Livre du Pèlerin polonais*, pour lequel Montalembert écrivit une préface [3], exerça une réelle influence sur l'esprit révolutionnaire.

A Lyon, la *Gazette du Lyonnais* s'efforçait surtout d'éveiller les préoccupations des modérés. « On se demande, écrivait-elle [4], dans quel but arrivent en France ces milliers de Polonais..... » Elle s'appliqua à montrer qu'une organisation générale parisienne présidait à ce mouvement, et c'est elle qu'une fois de plus elle voulait rendre responsable de l'insurrection de la Pologne. « ..... Il est certain que le soulèvement de cette nation..... fut le résultat de démarches et, si nous pouvons nous exprimer ainsi, des complots de la propagande révolutionnaire. Faut-il des preuves à l'appui de notre assertion ? Que les hommes de bonne foi interrogent leurs souvenirs, consultent les débats à la tribune, relisent les discussions des journaux, se rappellent les souscriptions, les bals, les banquets, les bazars et qu'ils nous répondent si Varsovie insurgée n'agissait pas sous l'influence d'un Comité parisien. Or, ce fait suffit pour expliquer ce que nous voyons aujourd'hui. Vaincus dans les champs de la Pologne, la révolution a dû se replier sur elle-même ; avec l'habileté qu'on lui connaît, elle a su tirer le meilleur parti de sa défaite. Ce parti, c'est d'appeler au foyer de toutes les insurrections les débris des phalanges poussées sans succès contre les troupes fidèles de l'empereur Nicolas ; c'était de réunir, autant que les circonstances pourraient le permettre, les éléments d'une attaque nouvelle contre le principe monarchique. Si tel est le but de l'arrivée parmi nous des émigrés polonais, nous n'avons pas besoin de dire quelles en seront les inévitables et funestes conséquences..... puisqu'ils ont été..... les instruments de la faction

[1] De la Hodde. *Histoire des Sociétés secrètes*, Paris.

[2] Adam Mickievicz (1798-1855) était un poète polonais qui eut une grande action sur ses compatriotes, et fut persécuté par le gouvernement Russe. C'est en chantant les premières strophes de son « Ode à la Jeunesse » que l'insurrection commença. Emigré à Paris en 1832, il enseigna ensuite en 1839 à Lausanne la littérature latine, lorsqu'en 1840 il vint occuper au Collège de France la chaire de littérature slave, que venait de créer Cousin. Il mourut en 1855 à Constantinople où il était allé dans l'espoir de former des légions polonaises pour un nouveau soulèvement.

[3] Cette préface n'existe pas dans les œuvres complètes.

[4] 19 février 1832.

révolutionnaire. N'est-il pas trop naturel de penser qu'ils pourront la servir encore dans ses affreux projets. » Le même journal s'en prend ensuite au juste milieu : « ..... Le juste milieu reçoit les Polonais et les accueille, il les fête, tout en maudissant la pensée qui les amène sur le territoire de la France. »

Il semble bien, en effet, que les représentants de ce parti à Lyon constatèrent, sans grande joie, l'accueil fait par la population aux émigrés. On a vu que la municipalité, qui en représentait la tendance, s'était abstenue de paraître. Le *Courrier de Lyon*, son organe, qui avait signalé le danger des clubs, s'inquiéta de l'importance que les républicains avaient prise dans les manifestations en l'honneur des Polonais. « Il y a un parti, dit-il, qui s'est cru spécialement obligé de montrer de l'empressement, qui en a fait son affaire particulière, qui veut avoir le monopole de l'admiration et de l'enthousiasme..... » Puis il prend la défense de la municipalité : « ..... Parce que les municipalités de Dijon et d'autres villes ont été au-devant des Polonais, on fait un crime à la nôtre de n'en avoir pas fait autant..... Pour nous, nous pensons qu'il y a une certaine dignité qu'on ne peut blâmer les fonctionnaires publics de la deuxième ville du royaume de conserver..... » Enfin, il adresse des conseils aux Polonais, les engageant à se méfier « de faction qui chercherait à les circonvenir[1] ».

Les journaux républicains répondaient à ces attaques. Le gérant de la *Glaneuse*, Granier, emprisonné pour un des procès continuellement intentés à son journal, se lamentait de ne pouvoir se mêler au mouvement et écrivait des lettres enflammées pour les Polonais[2]. Le *Précurseur* releva longuement les attaques de la *Gazette* et lui reprocha de s'être moquée de trouver parmi les organisateurs des réceptions un limonadier et un huissier[3]. Cet huissier était Reverchon qui continuait sa propagande républicaine.

En réalité, le peuple avait vraiment manifesté en faveur des Polonais et c'était cela surtout qui, au lendemain des journées de novembre, avait effrayé la bourgeoisie modérée. On a vu déjà que de nombreuses organisations ouvrières avaient répondu aux appels du Comité du Bazar ; leur organe, l'*Echo de la Fabrique*, fondé

---

[1] *Courrier de Lyon*, 19 février 1832.
[2] *Glaneuse*, 19 février 1832.
[3] *Précurseur*, 19 février 1832.

en 1831, publia un article félicitant la population d'avoir bien accueilli les révoltés[1]. « Honneur, disait-il, à ces ouvriers qui suivaient les Polonais, comme l'ombre suit le corps, et dont les cœurs étaient déchirés de douleur de ne pouvoir leur offrir que des larmes. » Il publiait également des poésies de Béranger relatives aux Polonais et des vers de Barthélemy intitulés « l'Emigration polonaise aux frontières de l'Est[2]. »

Les Bonapartistes avaient-ils essayé d'utiliser ce mouvement ? Cela est fort possible ; en tout cas le *Précurseur* publiait la lettre suivante dont il affirmait l'authenticité et qu'il déclarait avoir été reçue par un chef d'atelier de la Croix-Rousse :

« Lyon, le 14 février 1832.

« Monsieur, nous avons l'honneur de vous annoncer l'arrivée de nos braves Polonais qui ont voulu secouer le joug puissant de la Russie. Veuillez avoir la complaisance d'avertir vos braves ouvriers de se rendre vers le café de la Perle vers 3 heures du soir, pour se joindre aux jeunes gens qui doivent se réunir pour aller en cavalcade au-devant de nos braves compagnons d'armes, si la force armée voulait nous empêcher de nous acquitter de notre devoir, fonçons sur elle et portons la mort dans ses rangs. Secours et récompenses seront promis aux ouvriers qui donneront des preuves de leur patriotisme, en se rendant dans le lieu indiqué pour faire réussir nos complots de vengeance. Vive les Polonais, vive Napoléon II, à bas Louis-Philippe ! *Signé* D., ancien colonel sous Napoléon, chevalier de la Légion d'honneur. »

Il est probable que le Gouvernement s'inquiéta du mouvement créé dans la population lyonnaise par le passage des Polonais. La ville, depuis les journées de novembre était, en effet, particulièrement surveillée par le pouvoir[3].

Le *Précurseur* se plaignit vivement de ce que des ordres eussent été donnés pour faire changer de route à un détachement d'émigrés. « Nous apprenons à l'instant, de Vezeronce (Isère), écrivait-il[4], que cent cinquante Polonais, au lieu de traverser Lyon qui était leur route naturelle, ont fait un crochet pour gagner Bourgoin par

---

[1] *Echo de la Fabrique*, 19 février 1832.
[2] *Ibid.*, 26 février 1832.
[3] Thureau-Dangin, livre cité.
[4] *Précurseur*, 29 février, 1er mars 1832.

un autre chemin. C'est là de la politique digne d'un cabinet quasi-légitimiste, fort en demi-mesure; il froisse en pure perte les sentiments nationaux, comme si de nos jours, il y avait de force véritable hors de l'alliance populaire. Et, d'ailleurs, que gagne le ministère à ces pitoyables précautions. Il a jalousé les tendres consolations que le patriotisme lyonnais se fut empressé d'offrir au malheur. Mais la France est unanime..... aussi les cent cinquante Polonais..... ont-ils partout été reçus avec enthousiasme. »

Dans toutes les localités du département de l'Ain et de l'Isère, par où passaient les colonnes, les Polonais reçurent, en effet, un chaleureux accueil ; un correspondant de la petite ville de Lagnieu, dans le département de l'Ain, écrivait au *Précurseur* ces mots : « Si le Gouvernement les fait passer par ici parce que l'enthousiasme des Lyonnais lui déplaît, je vous réponds que nous n'en reverrons pas [1] ! » A Bourgoin, dans l'Isère, des banquets furent organisés en l'honneur des émigrés [2].

L'action à Lyon était trop forte pour qu'elle pût s'arrêter là. Des appels à la générosité furent de nouveau lancés à la population par la Société du Bazar, afin de continuer à donner aux Polonais, réunis dans les dépôts du Midi, la protection et l'appui matériel qui leur avaient été précédemment offerts. Le Gouvernement avait jusqu'alors accordé aux réfugiés des allocations variant, pour les officiers et les soldats, de 3 francs à 1 franc par jour. Une décision ministérielle, du 21 janvier 1832, réduisit ces chiffres notablement.

Les journaux républicains lyonnais s'élevèrent vivement contre cette mesure. « L'opinion publique, lisait-on dans le *Précurseur* [3], fera-t-elle enfin justice du ministère qui se joue de tout sentiment généreux et froisse toutes nos sympathies : on dirait que le président du Conseil a voulu se venger sur les restes héroïques de la Pologne, des rognures que les centres parfois infidèles ont faites à son budget tant défendu !..... » Il invitait les populations à protester et à agir : « .....Que des pétitions unanimes, d'unanimes protestations, des souscriptions nouvelles s'échappent simultanément des Comités polonais de France..... Nous venons supplier le Comité de notre ville..... de prendre une initiative. » Le *Journal du Com-*

---

[1] *Précurseur*, 2 mars 1832.
[2] *Ibid.*, 3 mars 1832.
[3] *Ibid.*, 10 mars 1832.

*merce* fut plus violent[1] : « .....Transfuges des barricades, s'écrie-t-il en s'adressant aux ministres du 13 mars, ce n'était donc point assez de nous avoir enchaînés quand nous voulions voler au secours de notre sœur la Pologne, de l'avoir vendue et livrée par vos diplomates....., d'avoir dispersé ses défenseurs poursuivis par vos polices, de les avoir repoussés de la capitale de la civilisation ; vous n'étiez pas satisfaits de les avoir arrachés à nos asiles hospitaliers de cette partie de la France où sur leur route on voulait les retenir et les adopter.[2]. Non, votre rage..... n'était pas assouvie ; il fallait les envoyer d'abord aux poignards des Carlistes du Midi et ensuite les faire expirer de besoin..... » Il faut dire que le mouvement Carliste était principalement répandu dans le Midi et dans l'Ouest de la France ; la triste influence des Verdets s'y faisait encore sentir et Avignon, ville de violences, n'était point en reste sur Toulouse où avait été assassiné le général Ramel quelques années auparavant.

Il était donc tout naturel que les réfugiés soient mal reçus dans cette région, bien choisie par le Gouvernement pour rendre impossible leur action sur la population. Un des émigrés écrivait les lignes suivantes : « Je voudrais pour tout au monde revenir à Châlon-sur-Saône, car ici nous ne ressentons que la misère et ne voyons que la mauvaise mine des Carlistes et, pour notre récompense, on nous laisse mourir à petit feu[3]..... »

La Société du Bazar ne pouvait résister aux injonctions des républicains, d'autant plus que des notes assez brèves parues dans le *Précurseur* lui rappelaient que son rôle n'était pas terminé et que, responsable des fonds du public, elle devait avoir à cœur d'en disposer conformément aux volontés des donataires. Elle publia une lettre dans laquelle elle considérait la mesure relative à la réduction de solde des Polonais, prise par le Gouvernement, comme le « résultat d'une erreur[4] », puis elle adressa le 2 mars une pétition au ministre de la guerre, le général Sébastiani, et invita les députés du Rhône à intervenir dans le but de faire rapporter la décision. Le même jour elle décidait un envoi de fonds au Comité polonais d'Avi-

---

[1] *Journal du Commerce*, 16 mars 1832.

[2] L'article fait allusion aux offres faites par les populations de l'Alsace aux Polonais de rester chez elles.

[3] *Journal du Commerce*, 16 mars 1831.

[4] *Précurseur*, 16 mars 1832.

gnon, pour l'aider à faire face aux premiers besoins des officiers et des soldats réfugiés, se réservant d'y pourvoir encore, si besoin était, par de nouvelles allocations. Puis elle prit des mesures pour augmenter le nombre des envois en nature que depuis quelques temps déjà elle expédiait aux dépôts. Linge, chaussures, vêtements furent fournis en quantités considérables[1]. On fit appel aux dames lyonnaises pour qu'elles confectionnassent des chemises et un très grand nombre d'entre elles répondirent[2]. Le Comité du Bazar dépensa ainsi plus de 20.000 francs.

Peut-être est-ce à l'intervention de la Société que l'on dût le retrait de la décision du 21 février. Il est en tout cas possible de dire qu'elle ne fut pas inutile en raison des personnalités influentes qui composaient son Comité. Ce dernier manifesta toute sa joie, lorsque le ministère, sans la rétablir toutefois à son chiffre primitif, augmenta, dans le milieu de mars, la solde des Polonais. Afin de se rendre mieux compte de la situation réelle des réfugiés à Avignon et à Lunel, le Comité du Bazar délégua un de ses membres, Perret, pour se rendre dans le Midi. Perret se mit d'accord avec les Comités polonais existant à Montpellier et à Lunel afin d'agir encore une fois auprès du ministère pour obtenir une amélioration de la situation des Polonais. Sur l'instigation du délégué lyonnais, des secours furent accordés, par le Bazar, aux jeunes étudiants polonais afin de leur permettre de continuer leurs études à Montpellier[3]. Le Bazar leur fournit aussi des livres et des instruments de chirurgie[4]. En certains cas l'action de Perret fut fort délicate et il fit preuve de grandes qualités de décision et de tact. Les Polonais et l'autorité militaire étaient en conflit. Le Gouvernement avait décidé de répartir les colonnes polonaises entre les deux dépôts d'Avignon et de Lunel; les réfugiés, croyant qu'il s'agissait d'expédier en Algérie une partie d'entre eux, s'opposaient à toute séparation. Perret s'entendit avec le général commandant la division de Vaucluse et obtint qu'on tirerait au sort les colonnes devant rester à Avignon et celles devant se rendre à Lunel.

Il obtint aussi du ministère une déclaration qui rassura les émi-

<hr>

1 *Archives du Bazar*.
2 *Précurseur*, 28-29 mars 1831.
3 *Courrier du Midi*, 14 avril 1832.
4 *Compte rendu du Bazar*, 1836.

grés sur une imaginaire déportation en Algérie. Puis avec habileté et autorité il s'efforça de faire disparaître l'insubordination existant chez les Polonais et les divisions intestines qui régnaient entre eux. Il institua une caisse de prévoyance entre officiers polonais, obtint que le Bazar continuât à verser aux émigrés un supplément de solde, établit enfin une école pour les enfants à qui des livres furent adressés[1]. Perret revint à Lyon, après avoir organisé des Comités correspondants de secours à Marseille, à Toulon et après avoir visité ceux d'Aix et de Nîmes.

La Société du Bazar aida aussi de ses ressources pécuniaires et par des envois en nature les dépôts de réfugiés de Besançon et du Puy. Elle continua à secourir les Polonais qui traversaient Lyon, tels que le général Bem[2], un des principaux combattants de l'insurrection qui mit en vente trois chevaux, le 12 juillet 1832, dans un hôtel de la Guillotière.

Son action se prolongea pendant plusieurs années, grâce aux ressources que lui fournissait la vente de la médaille, dont le roi Louis-Philippe prit six exemplaires en 1833. De 1833 à 1836, un certain nombre de réfugiés passèrent encore par Lyon se rendant dans le Midi ou quittant, au contraire, cette région pour aller habiter d'autres lieux. La Société du Bazar leur assurait toujours le gîte et leur délivrait des frais de route. En 1836, la reine Amélie fit remettre au Comité du Bazar 400 francs destinés à secourir deux demoiselles polonaises, nommées Gorrecka, qui étaient tombées malades à Lyon. De 1836 à 1840, le Bazar acheva son œuvre en secourant les Polonais de moins en moins nombreux et termina ses comptes par une balance définitive de 85.930 fr. 07[3].

Un certain nombre de Polonais s'étaient établis à Lyon[4]. Il est probable qu'ils y participèrent au mouvement républicain et principalement à la préparation des journées d'avril 1834. L'un d'eux, Rockzinski, fut compris dans le procès devant la Cour des Pairs, en

---

[1] *Archives du Bazar.*

[2] Le général Joseph Bem (1795-1850), retraité au moment de l'insurrection polonaise, prit du service aux premiers jours. Il combattit glorieusement à Ostrolenka, Sochaczew, Bohisow, et s'illustra surtout dans la défense de Varsovie. Réfugié en France après la défaite, il s'occupa de travaux scientifiques.

[3] *Archives du Bazar.*

[4] *Almanach historique ou Souvenir de l'émigration polonaise,* par le comte de Rabatz-Krosnowski, Paris, 1846. Bibliothèque nationale, M. 28.643.

1835, et condamné [1]. Du reste les principaux dés accusés d'avril avaient été les plus actifs du mouvement en faveur des Polonais. Alors que le Bazar n'avait plus qu'une action ralentie, en 1834, une nouvelle organisation avait été créée à Lyon [2]. Elle se nommait : « Association patriotique en faveur des Polonais ». Son président était Gilibert et son Comité comprenait Chanay [3], Trolliet, Lortet et Castellan [4], tous d'ardents républicains. Des sections furent organisées dans différents quartiers. A la tête de deux d'entre elles, étaient Baune et Reverchon, condamnés l'an après pour les faits d'avril. Cette association n'eut qu'une existence éphémère, tout au moins ouvertement.

*<br>* *

Ainsi s'éteignit à Lyon le mouvement relatif aux Polonais. Après avoir été, à l'origine, une occasion nouvelle offerte aux républicains de développer leurs idées dans la ville, il donna naissance à une curieuse œuvre d'assistance, dont les résultats furent intéressants et qui sut, pendant tout le temps de l'insurrection polonaise, maintenir unis pour un but commun les différents partis. Puis, pendant l'émigration, les éléments avancés reprirent peu à peu leur influence. Ils amenèrent l'organisation charitable à intervenir auprès des pouvoirs en diverses circonstances et purent effectuer parallèlement à l'action matérielle et sous son couvert, une propagande réelle en faveur de leurs opinions ; jusqu'au jour où, sollicités par d'autres actions, dont le premier résultat devait être l'insurrection de 1834, les républicains lyonnais confondirent de nouveau les organisations en faveur des Polonais, avec celles dont le but était une modification au régime politique de la France.

---

[1] Cour des Pairs. Procès des prévenus d'avril... catégorie de Lyon. Lyon, 1835, 8°.

[2] *Précurseur*, 1er juin 1834.

[3] Philibert Chanay fut maire de la Croix-Rousse en 1848, puis député du Rhône. Il avait déjà pris part aux banquets polonais, en février 1832.

[4] Castellan, chansonnier satirique, dit le Béranger lyonnais, fut membre du Comité exécutif en 1848. Voir : *Revue du Lyonnais*, 1853, p. 28.

---

Lyon. — Imprimerie A. Rey et Cⁱᵉ. — 5170

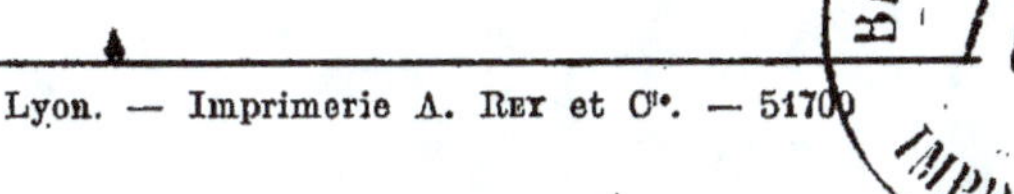